编　委　会

主　编：郑勇强

编　者：马春雷　蒋　莉　卢俊文　李艳红

　　　　王伟艳　徐　娜　孙明月　梁吟含

　　　　马文杰　孙　雷　田　婧　钟俊懿

　　　　宋　伟　白雅君

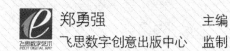

郑勇强　主编

飞思数字创意出版中心　监制

全国一级建造师执业资格考试

采分点必背

——建设工程经济

电子工业出版社·

Publishing House of Electronics Industry

北京·BEIJING

内容简介

本书是全国一级建造师执业资格考试的复习参考书。依据最新版考试大纲的要求编写，编者依据考试"点多、面广、题量大、分值小"的特点，对历年考点及历年考试真题进行分类解析，进一步提炼出"采分点"而成。全书精炼、准确，必背"采分点"突出。可使考生了解命题趋势和命题重点，以便掌握解题思路和答题技巧。

本书将考试大纲和复习指导用书融为一体，可全面、系统地帮助考生复习，为考生提供了一本高效的复习自学用书。此外，本书还可供高等院校相关专业师生参考。

未经许可，不得以任何方式复制或抄袭本书之部分或全部内容。

版权所有，侵权必究。

图书在版编目（CIP）数据

全国一级建造师执业资格考试采分点必背. 建设工程经济 / 郑勇强主编. —北京：电子工业出版社，2011.4

（建造师执业资格考试采分点必背）

ISBN .978-7-121-06389-3

Ⅰ. ①全… Ⅱ. ①郑… Ⅲ. ①建筑经济－建筑师－资格考核－自学参考资料

Ⅳ. ①TU

中国版本图书馆 CIP 数据核字(2011)第 037259 号

责任编辑：何郑燕

文字编辑：杨 源

印　　刷：北京中新伟业印刷有限公司

装　　订：三河市鹏成印业有限公司

出版发行：电子工业出版社

　　　　　北京海淀区万寿路 173 信箱　　邮编：100036

开　　本：787×1092　1/16　印张：12.25　字数：313.6 千字

印　　次：2011 年 4 月第 1 次印刷

印　　数：4000 册　　　定价：28.00 元

前　言

全国一级建造师执业资格考试制度始于 2004 年，原则上每年举行一次考试。全国统一大纲、统一命题、统一组织考试。

怎样才能顺利通过全国一级建造师执业资格考试呢？这就要从考试的特点着手进行分析。总体来说，全国一级建造师执业资格考试具有"点多、面广、题量大、分值小"的特点。这些特点就决定了凭借以往那种押题、扣题式的复习方法很难通过考试，而进行全面系统的复习和准备会更加有效。但是对于考生来说，这种全面、系统的复习方式又面临着一个突出的矛盾：一方面考试教材涉及面广、信息量大，需要记忆学习的内容多；另一方面这类考生大多数不同于全日制学生，时间多是零散的，难以集中精力进行复习。广大考生热切盼望着能够有一种行之有效的复习方法解决这个矛盾。

本套"建造师执业资格考试采分点必背"丛书就定位在为考生解决这个矛盾，具体来说本套丛书具有如下特点：

1. 撷精取粹，抓住要点。编者对考试大纲、教材和历年考试真题进行细致分析，吃透考试精神，撷精取粹，提炼出考试可能出题的各个考点。

2. 融会贯通，对比记忆。以出题者的角度进行思考，找出考试最可能涉及的"易混淆点"，加深考生的记忆。如此形成的一个个"采分点"的过程，是分析、提炼、总结的过程，更是对知识融会贯通的过程。

经过长期对考试特点的研究，对历年考试进行分析、精炼和总结，在掌握了其中的规律后，这套倾注了编者无数心血的"采分点必背"丛书才得以编写完成。本书直指考试重点，帮助考生在较短的时间内取得好成绩，是考生考前冲刺复习非常实用的参考书。

参与本书编写人员包括郑勇强、马春雷、蒋莉、卢俊文、李艳红、王伟艳、徐娜、孙明月、梁吟含、马文杰、孙雷、田婧、钟俊懿、宋伟、白雅君。本书在编写过程中得到了专家学者的大力支持，但因涉及内容广泛，书稿虽经全体编者精心编写，反复修改，但不当之处在所难免，欢迎广大读者指正。

编者

2010 年 12 月

目 录

第一部分 工程经济（1Z101000）

第二部分 会计基础与财务管理（1Z102000）

CONTENTS

第三部分 建设工程估价（1Z103000）

第四部分 宏观经济政策及项目融资（1Z104000）

第一部分

工程经济（1Z101000）

第 **1** 章

资金的时间价值（1Z101010）

【重点提示】

1Z101011　掌握利息的计算
1Z101012　掌握现金流量图的绘制
1Z101013　掌握等值的计算
1Z101014　熟悉名义利率和有效利率的计算

【采分点精粹】

采分点 1：资金是运动的价值，其价值随时间的变化而变化，随时间的推移而<u>增值</u>，这就是资金的时间价值。

　　——**易混淆点**：贬值

采分点 2：资金时间价值的影响因素主要有：<u>资金的使用时间</u>、资金数量的多少、资金投入和回收的特点、资金周转的速度。

　　——**易混淆点**：资金的用途

采分点 3：在工程经济分析中，<u>利息</u>是资金时间价值的重要表现形式。

　　——**易混淆点**：汇率

采分点 4：绘制现金流量图时，需要把握的现金流量的要素包括：现金流量的大小（现金流量数额）、方向（<u>现金流入或现金流出</u>）和作用点（现金流量发生的时点）。
　　（2010 年考试涉及）

————**易混淆点**：绘制比例；时间单位

采分点 5：某企业计划年初投资 200 万元购置新设备以增加产量。现已知设备可使用 6 年，每年增加产品销售收入 60 万元，增加经营成本 20 万元，设备报废时净残值为 10 万元。对此项投资活动绘制现金流量图，则第 6 年末的净现金流量可表示为 <u>向上</u> 的现金流量，数额为 <u>50</u> 万元。（2009 年考试涉及）

————**易混淆点**：向下，30；向上，50

【计算过程】现金流量图上，在横轴上方的箭线表示现金流入，即收益；在横轴下方的箭线表示现金流出，即费用。第 6 年末，现金流入=60+10=70 万元，现金流出 20 万元，净现金流量=70-20=50 万元。所以现金流量方向向上，数额为 50 万元。

采分点 6：利率与社会平均利润率两者相互影响，社会平均利润率越高，则利率越 <u>高</u>。（2006 年考试涉及）

————**易混淆点**：低

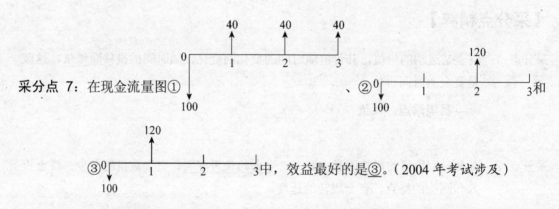

采分点 7：在现金流量图①　　　　　　　、②　　　　　　和③　　　　　中，效益最好的是 <u>③</u>。（2004 年考试涉及）

————**易混淆点**：①；②

【分析过程】资金的时间价值与资金投入和回收的特点相关，回收同样数量的资金，回收越快，效益就越好，因此效益最好的为图③。

采分点 8：一次支付的终值计算公式中，一次支付终值系数为 <u>$(1+i)^n$</u>。

————**易混淆点**：$(1+i)^{-n}$；$\dfrac{(1+i)^n-1}{i}$

采分点 9： 现在的 100 元和 5 年后的 248 元两笔资金在第 2 年末价值相等，若利率不变，则这两笔资金在第 3 年末的价值相等。（2005 年考试涉及）

——**易混淆点：** 前者高于后者；前者低于后者

【分析过程】在同一个现金流量表中，如果两个资金等值，则在这个现金流量表的任意时间点它们都等值。

采分点 10： 根据未来现金流量求现在的现金流量所使用的利率称为折现率。

——**易混淆点：** 现值；终值；年金

采分点 11： 表示资金发生在某一特定时间序列终点上的价值为终值。

——**易混淆点：** 现值；年金

采分点 12： 表示资金发生在某一特定时间序列始点上的价值为现值。

——**易混淆点：** 终值；年金

采分点 13： 在工程经济活动中，多次支付是最常见的支付情形。

——**易混淆点：** 现值；终值；偿债基金

采分点 14： 某一特定时间序列期内，每隔相同时间收支的等额款项为年金。

——**易混淆点：** 现值；终值

采分点 15： 影响资金等值的因素有金额的多少、资金发生的时间、利率的大小，其中利率是一个关键因素。

——**易混淆点：** 金额的多少；资金发生的时间

采分点 16： 一次性支付 n 年末终值（本利和）F 的计算公式为 $F=P(1+i)^n$。

——**易混淆点：** $F=P(1+i)^{-n}$

采分点 17： 一次性支付现值系数用符号 $(P/F，i，n)$ 表示。

——**易混淆点：** $(F/P，i，n)$；$(F/A，i，n)$

采分点 18：等额支付现金流量的复利计算公式中，终值计算公式为 $F = A\dfrac{(1+i)^n - 1}{i}$。

————**易混淆点**：$P = A\dfrac{(1+i)^n - 1}{i(1+i)^n}$；$A = P\dfrac{i(1+i)^n}{(1+i)^n - 1}$；$A = F\dfrac{i}{(1+i)^n - 1}$

采分点 19：等额支付现金流量的复利计算公式中，现值计算公式为 $P = A\dfrac{(1+i)^n - 1}{i(1+i)^n}$。

————**易混淆点**：$A = P\dfrac{i(1+i)^n}{(1+i)^n - 1}$；$A = F\dfrac{i}{(1+i)^n - 1}$；$F = A\dfrac{(1+i)^n - 1}{i}$

采分点 20：等额支付现金流量的复利计算公式中，资金回收计算公式为 $A = P\dfrac{i(1+i)^n}{(1+i)^n - 1}$。

————**易混淆点**：$P = A\dfrac{(1+i)^n - 1}{i(1+i)^n}$；$A = F\dfrac{i}{(1+i)^n - 1}$；$F = A\dfrac{(1+i)^n - 1}{i}$

采分点 21：等额支付现金流量的复利计算公式中，偿债基金计算公式为 $A = F\dfrac{i}{(1+i)^n - 1}$。

————**易混淆点**：$P = A\dfrac{(1+i)^n - 1}{i(1+i)^n}$；$F = A\dfrac{(1+i)^n - 1}{i}$；$A = P\dfrac{i(1+i)^n}{(1+i)^n - 1}$

采分点 22：每半年末存款 2000 元，年利率为 4%，每季复利计息一次，则两年末存款本息合计为 <u>8244.45</u>。（2007 年考试涉及）

————**易混淆点**：8160.00；8243.22

【计算过程】每季名义利率=4%/4=1%，每半年实际利率=（1+2%）^{2}-1=2.01%，2 年末存款本息合计=2000×（F/P，2.01,4）=8244.45

采分点 23：在资金等值计算中，<u>P 一定，n 相同，i 越高，F 越大</u>。（P 代表现值，F 代表终值）（2004 年考试涉及）

————**易混淆点**：P 一定，n 相同，i 越高，F 越大；P 一定，i 相同，n 越长，F 越大

采分点 24： 在工程经济分析时应注意，一要正确选取<u>折现率</u>，二要注意<u>现金流量</u>的分布情况。

  ——**易混淆点**：折现率，收益；现值系数，费用

采分点 25： 某投资人在 3 年末终了时获得 100 万元，若每年存款金额相等，年利率为 10%，则每年末存款为 <u>30.21</u> 万元。

  ——**易混淆点**：28.59；30.25

  【计算过程】$A = F\dfrac{i}{(1+i)^n - 1} = 100 \times \dfrac{10\%}{(1+10\%)^3 - 1} = 100 \times 0.3021 = 30.21$ 万元

采分点 26： 某项目初始投资 1000 万元，年利率为 6%，在 10 年内收回全部本利，则每年应收回 <u>135.87</u> 万元。

  ——**易混淆点**：130.88；135.69

  【计算过程】$A = P\dfrac{i(1+i)^n}{(1+i)^n - 1} = 1000 \times \dfrac{6\%(1+6\%)^{10}}{(1+6\%)^{10} - 1} = 1000 \times 0.13587 = 135.87$

采分点 27： 某投资人 5 年内每年末存入银行 20 万元，年利率为 6%，按年复利计算，第 5 年年末一次性收回本金和利息，则到期可以回收的金额为 <u>112.74</u> 万元。（2010 年考试涉及）

  ——**易混淆点**：104.80；106.00

  【计算过程】$F = A\dfrac{(1+i)^n - 1}{i} = 20 \times \dfrac{(1+6\%)^5 - 1}{6\%} = 20 \times 5.637 = 112.74$ 万元

采分点 28： 已知年名义利率为 10%，每季度计息一次，复利计息，那么年有效利率为 <u>10.38%</u>。（2009 年考试涉及）

  ——**易混淆点**：10.00%；10.25%

  【计算过程】年有效利率 $i_{eff} = (1 + \dfrac{r}{m})^m - 1 = (1 + \dfrac{10\%}{4})^4 - 1 = 10.38\%$

采分点 29： 现已知年名义利率是 8%，按季计息，那么计息期有效利率为 <u>2.00%</u>，年有效利率为 <u>8.24%</u>。（2005 年考试涉及）

  ——**易混淆点**：2.00%，8.00%；2.06%，8.00%

【计算过程】计息期有效利率 $i=r/m=8\%/4=2\%$；年有效利率 $i_{eff}=(1+\dfrac{r}{m})^m-1=$

$(1+\dfrac{8\%}{4})^4-1=8.24\%$。

采分点 30：现已知年名义利率是 r，每年计息次数是 m，则年有效利率为 $(1+\dfrac{r}{m})^r-1$。（2004

年考试涉及）

——易混淆点：$(1+\dfrac{m}{r})^m-1$；$(1+\dfrac{m}{r})^r-1$；$(1+\dfrac{r}{m})^m-1$

第 **2** 章

建设项目财务评价（1Z101020）

【重点提示】

【采分点精粹】

采分点 1：建设项目经济效果根据评价的角度、范围、作用的不同，可以分为<u>财务评价和国民经济评价</u>。（2004 年考试涉及）

——**易混淆点**：社会效益评价和环境效益评价；环境效益评价和财务评价；国民经济评价和综合评价

采分点 2：对于经营性项目，财务分析应分析项目的<u>盈利能力</u>、偿债能力和财务生存能力，并据此考察项目的可行性和财务可接受性，明确项目对财务主体及投资者的价值贡献，并得出财务评价的结论。

——**易混淆点**：周转速度

采分点 3：对于非经营性项目，财务分析应主要分析项目的<u>财务生存能力</u>。

————**易混淆点**：盈利能力；偿债能力

采分点 4：财务生存能力分析是通过项目的<u>财务计划现金流量表</u>考察财务可持续性的。

————**易混淆点**：项目目标；项目投资者

采分点 5：项目财务生存能力分析，首先应保证有足够大的<u>净现金流量</u>，其次是各年累计盈余资金不能出现负值。

————**易混淆点**：收益；投入资金

采分点 6：若某项目各年累计盈余资金出现负值，则应进行短期贷款，此时应分析短期贷款的<u>时间与数额</u>，进一步判断项目的财务生存能力。

————**易混淆点**：利率

采分点 7：可用于评价项目财务盈利能力的绝对指标是<u>总投资收益率</u>。（2010 年考试涉及）

————**易混淆点**：价格临界点；财务净现值；敏感度系数

采分点 8：财务评价的基本方法包括确定性评价和<u>不确定性评价</u>。

————**易混淆点**：项目性质评价；项目目标评价；国民经济评价

采分点 9：对一个项目进行确定性评价和不确定性评价必须<u>同时进行</u>。

————**易混淆点**：选取其一

采分点 10：在项目财务评价中，应坚持定量分析与定性分析相结合，以<u>定量分析</u>为主的原则。

————**易混淆点**：定性分析

采分点 11：财务评价方法按<u>性质</u>分类，有定量分析和定性分析。

————**易混淆点**：时间因素；是否考虑融资

采分点 12： 在项目财务评价中，应坚持静态分析与动态分析相结合，以<u>动态分析</u>为主的原则。

  ——**易混淆点**：静态分析

采分点 13： 财务评价方法分为融资前分析和融资后分析，是按评价<u>是否考虑融资</u>分类的。

  ——**易混淆点**：是否考虑时间因素；方法性质

采分点 14： 项目财务评价方法，按项目评价的<u>时间</u>可以分为事前评价、事中评价和事后评价。

  ——**易混淆点**：方法性质；是否考虑融资

采分点 15： 项目财务评价方案主要分为<u>独立型方案</u>和<u>互斥型方案</u>，只有在众多互斥方案中必须选择其一时，才可单独进行相对经济效果检验。

  ——**易混淆点**：融资前方案和融资后方案

采分点 16： 财务分析方法中，对可度量因素的分析方法是<u>定量</u>分析。

  ——**易混淆点**：定性

采分点 17： 不考虑资金的时间因素，也不考虑时间因素对资金价值的影响，而对现金流量分别直接进行汇总来计算分析指标的方法为<u>静态</u>分析。

  ——**易混淆点**：动态；定性；融资后

采分点 18： 融资前分析以<u>动态分析</u>为主，<u>静态分析</u>为辅。

  ——**易混淆点**：静态分析，动态分析

采分点 19： 融资前分析应以<u>营业收入</u>、建设投资、经营成本和流动资金的估算为基础，考察整个计算期内现金流入和现金流出，编制项目投资现金流量表，利用资金时间价值的原理进行折现，计算项目投资内部收益率和净现值等指标。

  ——**易混淆点**：初步的融资方案

采分点 20： 项目计算期包括建设期和营运期，其中营运期分为投产期和达产期。营运期应由项目的<u>主要设备经济寿命</u>确定。

　　——**易混淆点：** 投入资金；净现金流量

采分点 21： 在进行工程经济分析时，动态评价指标包括<u>财务内部收益率</u>、财务净现值、财务净现值率和动态投资回收期。（2004 年考试涉及）

　　——**易混淆点：** 总投资收益率；资本金净利润率；利息备付率

采分点 22： 财务评价分析中，静态分析指标的最大特点是<u>不考虑时间因素，计算简便</u>。

　　——**易混淆点：** 为不同方案的经济比较提供了可比基础

采分点 23： 某建设项目进行财务评价，在①评价精度要求较高、②项目年收益大致相等、③项目寿命期较短、④项目现金流量变动大、⑤可以不考虑资金的时间价值五种评价情形中，可以采用静态评价指标进行评价的是<u>②③⑤</u>。（2009 年考试涉及）

　　——**易混淆点：** ①②③；③④⑤；①③⑤

采分点 24： 可以用于建设项目偿债能力分析的指标有利息备付率、偿债备付率、借款偿还期、资产负债率、<u>流动比率</u>、速动比率。（2007 年考试涉及）

　　——**易混淆点：** 投资回收期；资本金净利润率；财务净现值率

采分点 25： 项目财务评价分析中，动态分析指标强调利用<u>复利</u>方法计算资金时间价值，其将不同时间内资金的流入和流出换算成同一时点的价值，从而为不同方案的经济比较提供了可比基础。

　　——**易混淆点：** 单利

采分点 26： 企业或行业投资者以动态的观点确定的、可接受的投资方案最低标准的收益水平称为<u>基准收益率</u>。（2009 年考试涉及）

　　——**易混淆点：** 社会平均收益率；内部收益率；社会折现率

采分点 27： 基准收益率一般应综合考虑的因素有<u>资金成本</u>、机会成本、投资风险和通货膨胀。（2005 年、2004 年考试涉及）

——**易混淆点**：产出水平

采分点 28：确定项目基准收益率的基础是<u>资金成本</u>和机会成本。（2010 年考试涉及）

——**易混淆点**：投资风险；通货膨胀

采分点 29：基准收益率的测定方法包括资本资产定价模型、加权平均资金成本法、典型项目模拟法和德尔菲专家调查法。

——**易混淆点**：净现值法

采分点 30：政府投资项目以及按政府要求进行财务评价的建设项目采用的行业财务基准收益率，应根据<u>政府的政策导向</u>进行确定。

——**易混淆点**：投资风险；通货膨胀率

采分点 31：一般来说，资金密集项目的风险<u>高于</u>劳动密集的项目。

——**易混淆点**：低于

采分点 32：在项目财务评价中，若某一项目可行，则 $P_t \leq P_c$，$FNPV \geq 0$，$FIRR \geq i_c$。（2004 年考试涉及）

——**易混淆点**：<，<，<；>，>，<；>，<，<

采分点 33：财务净现值（$FNPV$）的评价准则为：$FNPV > 0$ 时方案<u>可行</u>，$FNPV = 0$ 时方案<u>勉强可行</u>，$FNPV < 0$ 时方案<u>不可行</u>。

——**易混淆点**：不可行，可行，可行；可行，不可行，不可行

采分点 34：考虑了资金的时间价值，经济意义明确直观，能够直接以货币额表示项目的盈利水平，判断直观，计算简便的财务评价指标为<u>财务净现值</u>。

——**易混淆点**：财务内部收益率；财务净现值率；投资收益率

采分点 35：静态投资回收期不考虑资金的时间价值，动态投资回收期考虑资金的时间价值。在考虑时间价值因素后，项目获得的净收益在价值上会逐年递减，因此对

于同一个项目，其动态投资回收期一定**大于**其静态投资回收期。

——**易混淆点**：等于；小于

采分点 36：财务评价指标中，_FNPV_ 指标直观地用货币量反映了项目在考虑时间价值因素后，整个计算期内的净收益状况，是项目经济评价中最有效、最重要的指标。

——**易混淆点**：_FIRR_；_FNPVR_

采分点 37：评价项目独立常规投资方案，用 _FIRR_ 和 _FNPV_ 评价的结论是一致的。

——**易混淆点**：P_t；_FNPVR_

采分点 38：在比选投资额不同的多个方案时，_FNPV_ 不能直接地反映资金的利用效率，而**净现值率** _FNPVR_ 能弥补这一不足，它反映了项目单位投资现值所能带来的净现值，是 _FNPV_ 的辅助性指标。

——**易混淆点**：静态投资回收期 P_t；利息备付率 _ICR_

采分点 39：财务评价指标中，借款偿还期指标适用于**计算最大偿还能力、尽快还款**的项目。

——**易混淆点**：预先给定借款偿还期

采分点 40：某项目净现金流量如下表所示，此项目的静态投资回收期为 5.67 年。（2005年考试涉及）

计算期（年）	1	2	3	4	5	6	7	8	9
净现金流量（万元）	-800	-1200	400	600	600	600	600	600	600

——**易混淆点**：5.33；6.33

【**计算过程**】P_t =（累计净现金流量出现正值的年份-1）+（上一年累计净现金流量的绝对值/当年净现金流量）=（6-1）+（400/600）=5.67。

采分点 41：进行项目偿债备付率分析时，可用于还本付息的资金包括**折旧费**、息税前利润、费用中列支的利息。（2006 年考试涉及）

——**易混淆点**：福利费；未付工资

【**分析过程**】偿债备付率=可用于还本付息的资金（息税前利润+折旧费+摊销-

企业所得税）/当年还本付息金额

采分点 42：某项目建设投资为 1000 万元，流动资金为 200 万元，建设当年即投产并达到设计生产能力，年净收益为 340 万元，则该项目的静态投资回收期为 <u>3.53</u> 年。（2009 年考试涉及）

——**易混淆点：**2.35；2.94

【计算过程】3+（1000+200-340×3）/340=3.53 年

采分点 43：已知某项目现金流量表如下，若 i_c=8%，则该项目的财务净现值为 <u>101.71</u> 万元。（2009 年考试涉及）

年数	1	2	3	4	5	6
净现金流量	-4200	-2700	1500	2500	2500	2500

——**易混淆点：**109.62；108.00

【计算过程】先计算到第 1 年：-4200+（-2700/1.08）+（1500/1.08^2）+（2500/1.08^3）+（2500/1.08^4）+（2500/1.08^5）=109.85（万元），然后计算到期初：109.85/1.08=101.71（万元）

采分点 44：投资收益率是指投资方案建成投产并达到设计生产能力后，一个正常生产年份的<u>年净收益额与方案总投资</u>的比率。（2009 年考试涉及）

——**易混淆点：**年净收益额与方案固定资产投资；年销售收入与方案固定资产投资；年销售收入与方案总投资

采分点 45：某常规投资方案，$FNPV$（i_1=14%）=160，$FNPV$（i_2=16%）=-90，则 $FIRR$ 的取值范围为 <u>15%～16%</u>。（2007 年考试涉及）

——**易混淆点：**14%～15%；16%～18%

【计算过程】$FIRR$=14%+160/（160+90）×（16%-14%）=15.28%。若用插值法原理，则可不用计算：$FNPV$（i_2=16%）=-160 的时候，$FIRR$=15%，由于-90>-160，所以 $FIRR$>15%，又因为 $FNPV$（i_2=16%）<0，所以，$FIRR$<16%，得出结果为 15%～16%

第 **3** 章

建设项目不确定性分析（1Z101030）

【重点提示】

1Z101031　掌握不确定性的分析内容
1Z101032　掌握盈亏平衡分析方法
1Z101033　熟悉敏感性分析

【采分点精粹】

采分点 1： 在项目财务评价和国民经济评价中均可使用的不确定性分析方法是敏感性分析法。（2009 年考试涉及）

——**易混淆点：** 投入产出分析法；现金流量分析法；盈亏平衡分析法

采分点 2： 项目不确定性因素产生的原因主要包括：所依据的基本数据不足或者统计偏差、预测方法的局限和假设不准确、未来经济形势的变化、技术进步、无法定量表示的定性因素的影响、其他外部影响因素。

——**易混淆点：** 观念进步

采分点 3： 应根据拟建项目的具体情况，分析各种外部条件发生变化或者测算数据误差对方案经济效果的影响程度，以估计项目可能承受的风险及其承受能力，确定项目在经济上的可靠性，并采取相应措施力争将风险降到最低，此为不确定性分析内容。

——**易混淆点：** 确定性分析

采分点 4：盈亏平衡分析适用于<u>项目的财务评价</u>。

——**易混淆点**：*国民经济评价*

采分点 5：将项目投产后的产销量作为不确定因素，通过计算企业或项目的盈亏平衡点的产销量，据此分析判断不确定性因素对方案经济效果的影响程度，说明方案实施的风险大小及项目承担风险的能力，为投资决策提供科学依据的分析方法为<u>盈亏平衡分析</u>。

——**易混淆点**：*敏感性分析*

采分点 6：分析各种不确定性因素发生增减变化时，对财务或经济评价指标的影响，并计算敏感度系数和临界点，从而找出敏感因素的分析方法为<u>敏感性分析</u>。（2010 年考试涉及）

——**易混淆点**：*量本利分析*

采分点 7：项目线性盈亏平衡分析的前提条件包括：生产量<u>等于</u>销售量；产销量变化，单位可变成本不变，总生产成本是产销量的线性函数；产销量变化，销售单价不变，销售收入是产销量的线性函数；只生产单一产品，或生产多种产品，但可以换算为单一产品计算，不同产品的生产符合率的变化保持一致。

——**易混淆点**：*大于；小于*

采分点 8：总成本费用根据成本费用与产量的关系可分解为<u>固定成本、可变成本和半可变成本</u>。

——**易混淆点**：*固定成本和可变成本*

采分点 9：原材料、燃料和动力费属于<u>可变</u>成本。

——**易混淆点**：*固定；半可变*

采分点 10：折旧费、修理费和无形资产属于<u>固定</u>成本。（2004 年考试涉及）

——**易混淆点**：*可变；半可变*

采分点 11：项目盈亏平衡点越低，项目适应市场变化的能力就越<u>强</u>，项目抗风险能力也越强。

　　——**易混淆点**：弱，弱；强，弱

采分点 12：盈亏平衡分析的缺点是无法揭示风险产生的根源及有效控制风险的途径。

　　——**易混淆点**：凭借主观经验来分析判断，存在片面性；不能说明不确定性因素发生的可能性大小

采分点 13：项目盈亏平衡分析，基本损益方程式为：利润=销售收入-总成本。

　　——**易混淆点**：利润=投入资金-净现金流量

采分点 14：某项目设计年生产能力为 10 万台，年固定成本为 1500 万元，单台产品销售价格为 1200 元，单台产品可变成本为 650 元，单台产品营业税金及附加为 150 元。则该项目产销量的盈亏平衡点是 37500 台。（2009 年考试涉及）

　　——**易混淆点**：12500；18750

　　【计算过程】 15 000 000/（1200-650-150）=37500 台

采分点 15：项目盈亏平衡产销量越高，表示项目抗风险能力越弱。（2005 年考试涉及）

　　——**易混淆点**：投产后盈利越大；适应市场变化能力越强；投产后风险越小

采分点 16：某建设项目年设计生产能力 10 万台，单位产品变动成本为单位销售价格的 55%，单位产品销售税金及附加为单位产品销售价的 5%，经分析求得产销量盈亏平衡点为年产销量 4.5 万台。若企业要盈利，生产能力利用率至少应保持在 45%以上。（2007 年考试涉及）

　　——**易混淆点**：50%；55%

　　【计算过程】 产销量盈亏平衡点为年产销量 4.5 万台，设计生产能力 10 万台，生产能力利用率表示的盈亏平衡点=4.5/10=45%，即超过这个平衡点即可盈利。

采分点 17：项目的敏感性分析中，假设各不确定因素之间相互独立，每次只考察一个因素，其他因素保持不变，以分析这个可变因素对经济评价指标的影响程度和敏感程度，此方法为单因素敏感性分析。

　　——**易混淆点**：多因素敏感性分析

采分点 18：项目单因素敏感性分析，如果主要分析方案状态和参数变化对方案投资回收快慢有影响，则选用投资回收期作为分析指标。（2007年考试涉及）

——**易混淆点**：净现值；内部收益率

采分点 19：项目单因素敏感性分析，如果在初步可行性研究和可行性研究阶段，经济分析指标则需选用动态的评价指标。

——**易混淆点**：静态

采分点 20：项目单因素敏感性分析，在选择需要分析的不确定性因素时的原则是：预计这些因素在其可能变动的范围内对经济评价指标的影响较大以及对在确定性经济分析中采用的该因素的数据的准确性把握不大。

——**易混淆点**：规律性

采分点 21：项目单因素敏感性分析，在选择需要分析的不确定性因素时，一般考虑收益方面的因素包括销售价格和汇率。

——**易混淆点**：建设投资；流动资金占用；折现率

采分点 22：项目单因素敏感性分析，在选择需要分析的不确定性因素时，一般考虑时间方面的因素包括建设年限、投产期限和正常生产期。

——**易混淆点**：流动资金占用；折现率；汇率

采分点 23：对项目进行单因素敏感性分析，可以通过计算敏感度系数和临界点来确定敏感因素。（2005年考试涉及）

——**易混淆点**：不确定因素变化率和敏感度系数；指标变化率和敏感度系数；指标变化率和临界点

采分点 24：敏感性分析的优点为：一定程度上对不确定性因素的变动对项目投资效果的影响做了定量描述；了解不确定性因素的风险程度；集中重点控制管理敏感性因素。

——**易混淆点**：凭主观经验分析判断；能说明不确定性因素发生的可能性大小

采分点 25：根据对项目不同方案的敏感性分析，投资者应选择**项目敏感程度小，抗风险能力强**的方案实施。（2006 年考试涉及）

——**易混淆点**：项目盈亏平衡点高，抗风险能力适中；项目盈亏平衡点低，抗风险能力强

第 4 章

财务现金流量表的分类与构成要素（1Z101040）

【重点提示】

1Z101041　掌握财务现金流量表的分类
1Z101042　掌握财务现金流量表的构成要素

【采分点精粹】

采分点 1：以项目为一个独立系统设置的<u>项目投资现金流量表</u>，是将项目建设所需的总投资作为计算基础，反映项目在整个计算期（包括建设期和生产经营期）内现金的流入和流出。

——**易混淆点**：项目资本金现金流量表；投资各方现金流量表；财务计划现金流量表

采分点 2：项目投资现金流量表可以计算的评价指标有<u>项目投资财务内部收益率</u>、财务净现值、财务净现值率和投资回收期。

——**易混淆点**：投资各方收益率

采分点 3：现金流量表中，<u>项目资本金现金流量表</u>是从项目法人（或投资者整体）角度出发，以项目资本金作为计算的基础，把借款本金偿还和利息支付作为现金流出，反映投资者权益投资的获利能力。

——**易混淆点**：项目投资现金流量表；投资各方现金流量表；财务计划现金流量表

采分点 4： 项目资本金现金流量表计算的评价指标是<u>资本金内部收益率</u>。

　　——**易混淆点：** 财务净现值；财务净现值率；投资回收期

采分点 5： 现金流量表中，<u>投资各方现金流量表</u>是分别从各个投资者的角度出发，以投资者的出资额作为计算的基础，可以计算的评价指标是投资各方收益率。

　　——**易混淆点：** 项目投资现金流量表；财务计划现金流量表；项目资本金现金流量表

采分点 6： 现金流量表中，<u>财务计划现金流量表</u>反映项目计算期各年的投资、融资及经营活动的现金流入和流出，用于计算累计盈余资金。

　　——**易混淆点：** 项目投资现金流量表；投资各方现金流量表；项目资本金现金流量表

采分点 7： 在现金流量表中，<u>财务计划现金流量表</u>用来分析项目的财务生存能力。（2009年考试涉及）

　　——**易混淆点：** 项目投资现金流量表；投资各方现金流量表；项目资本金现金流量表

采分点 8： 现金流量表的构成要素包括<u>营业收入</u>、投资、经营成本和税金。

　　——**易混淆点：** 投资回收期

采分点 9： 项目经济评价时，若以总成本费为基础计算经营成本，则应从总成本费用中扣除的费用项目有<u>折旧费用</u>、摊销费用、利息支出。（2006年考试涉及）

　　——**易混淆点：** 销售费用；管理费用

采分点 10： 某污水处理项目所在地政府每年给予该项目一定金额的财政补贴，在项目财务评价中，该项补贴资金应视为<u>一般现金流入</u>。（2009年考试涉及）

　　——**易混淆点：** 权益资金；债务资金；一般现金流出

采分点 11： 建设项目财务评价中所涉及的营业税、增值税、城市维护税和教育费附加是从<u>建设投资</u>中扣除的。（2007年考试涉及）

——**易混淆点**：销售收入；固定资产；总成本费用

采分点 12： 现金流量表中，营业收入一项等于<u>产品销售量×产品（服务）单价</u>。

——**易混淆点**：总成本费用-折旧费-利息支出

采分点 13： 已知某项目的年总成本费用为 2000 万元，年销售费用、管理费用合计为总成本费用的 15%，年折旧费为 200 万元，年摊销费为 50 万元，年利息支出为 100 万元，则该项目的年经营成本为 <u>1650</u> 万元。（2009 年考试涉及）

——**易混淆点**：1750；1350

【计算过程】 经营成本不包括年折旧费、年摊销费和年利息支出。年经营成本应为 2000-200-50-100=1650 万元。

采分点 14： 项目运营期财务评价所用的价格<u>可以是含增值税和不含增值税的</u>。

——**易混淆点**：一定是含增值税的；一定是不含增值税的

采分点 15： 项目建成后，建设投资各项将分别形成固定资产、无形资产和其他资产。形成<u>固定资产</u>原值用于计算折旧，残值在项目结束后回收。

——**易混淆点**：无形资产；其他资产

采分点 16： 项目建设期利息中的其他融资费用是指某些债务融资过程中发生的<u>手续费</u>、承诺费、管理费、信贷保险费等。

——**易混淆点**：债务资金利息

采分点 17： 项目经营总成本费用=外购原材料、燃料及动力费+<u>工资及福利费</u>+修理费+折旧费+摊销费+财务费用（利息支出）+其他费用。

——**易混淆点**：承诺费；信贷保险费

采分点 18： 项目经济评价时，计入总成本费用的税金包括：<u>进口关税、房产税、土地使用税、车船使用税、印花税</u>。

——**易混淆点**：营业税；资源税；消费税

采分点 19：项目经济评价时，从销售中扣除的税金为<u>营业税金</u>及附加和增值税。

    ——**易混淆点**：所得税

采分点 20：项目资本金强调的是<u>项目实体</u>所注册的资金，有别于注册资金。

    ——**易混淆点**：项目类别

采分点 21：项目未分配利润以及从税后利润提取的公积金<u>可以</u>投资于项目。

    ——**易混淆点**：不可

采分点 22：以工业产权和非专利技术作价出资的比例一般不超过项目资本金总额的 <u>20%</u>（部分高技术企业可以达到30%以上）。

    ——**易混淆点**：10%；50%

采分点 23：全部使用政府直接投资的项目，不需要进行<u>融资</u>方案分析。

    ——**易混淆点**：财务评价

采分点 24：以资本金注入方式投入项目的政府投资资金，在项目评价中视为<u>权益资金</u>。

    ——**易混淆点**：债务

采分点 25：以转贷方式注入项目的政府投资资金，在项目评价中视为<u>债务资金</u>。

    ——**易混淆点**：权益

采分点 26：以投资补贴、贷款贴息等方式投入项目的政府投资资金，在项目评价中视为<u>一般现金流入</u>。

    ——**易混淆点**：债务资金；权益资金

采分点 27：现金流量表中，营业税金及附加包括：营业税、<u>资源税</u>、消费税、城建税、教育费附加。

    ——**易混淆点**：房产税；印花税

采分点 28：现金流量表中，计入建设投资的税金包括：<u>引进技术和设备的关税</u>、固定资产方向调节税。

　　——**易混淆点**：进口关税；车船使用税

第 **5** 章

基本建设前期工作内容（1Z101050）

【重点提示】

1Z101051　掌握建设项目周期

1Z101052　掌握项目建议书的内容

1Z101053　熟悉可行性研究的内容

【采分点精粹】

采分点 1： 在项目决策阶段，主要的投入是投资机会分析费、市场调查费和可行性研究费，产出是决策结果。（2004 年考试涉及）

　　——**易混淆点：** 土地征用费

采分点 2： 对建设工程项目使用功能的影响从大到小依次排列为：决策阶段—设计阶段—施工阶段。（2004 年考试涉及）

　　——**易混淆点：** 设计阶段—施工阶段—决策阶段；施工阶段—设计阶段—决策阶段；设计阶段—决策阶段—施工阶段

采分点 3： 在建设项目决策阶段，投资主体产生投资意向后，紧接着应进行的工作为进行市场研究。（2009 年考试涉及）

　　——**易混淆点：** 编制项目建议书；编制项目可行性研究报告；进行投资准备

采分点 4： 项目建议书是用书面的形式把投资机会的分析结果表达出来，呈报给决策人。

　　——**易混淆点：** 项目设计人；项目施工人

采分点 5：初步可行性研究的着重点是项目建设的<u>必要性</u>和项目建设的<u>可能性</u>。

    ——**易混淆点**：全面性，可行性；科学性，合理性

采分点 6：可行性研究是对<u>初步可行性研究</u>提出的一个或几个项目的若干种可能方案分析论证，实质上是投资方案的具体确立和构造，它从拟建项目建设和生产经营的全过程考察分析项目在技术、经济、工程、社会、环境和外部协作条件等方面的可行性和合理性。

    ——**易混淆点**：投资机会分析；市场研究

采分点 7：可行性研究是决定一个项目投资与否的最重要的一个环节，是项目决策的<u>直接依据</u>。

    ——**易混淆点**：目标之一

采分点 8：如果初步设计提出的总概算超过可行性研究报告总投资的<u>10%</u>以上或其他主要指标需要变更时，应说明原因和计算依据，并报可行性研究报告原审批单位同意。

    ——**易混淆点**：20%；30%

采分点 9：在建设项目设计工作阶段，与投资准备工作紧邻的前项工作为<u>进行初步设计</u>。（2007 年考试涉及）

    ——**易混淆点**：编制项目建议书；编制项目可行性研究报告；进行施工图设计

采分点 10：施工项目投产前所要进行的一项重要工作是<u>生产准备</u>，是为项目及时投产使用所进行的生产组织、技术和物质准备工作。

    ——**易混淆点**：施工准备；施工组织设计

采分点 11：项目决策阶段的基本特征是智力化或称<u>知识密集性</u>。

    ——**易混淆点**：产业密集性；资金密集性；劳动密集性

采分点 12：在建设项目周期中，产出对总投资影响一般经验数据为 60%～70%，产出对项

目使用功能影响在 70%～80%的阶段是决策阶段。

——**易混淆点**：设计；施工；总结评价

采分点 13：建设工程项目周期中，工作成本对投资影响较小，要素成本作为重要控制因素的阶段是设计阶段。

——**易混淆点**：决策；施工；总结评价

采分点 14：一般来说，对于原料笨重、不便运输的工业项目，宜靠近原料产地建厂；对产品价值不高、运输途中易于损坏的生产项目，宜靠近销售市场建厂；而对于新兴的高技术产业，则应建在工业发达且有较强第三产业的地区。

——**易混淆点**：运输途中易于损坏；产品价值不高

采分点 15：项目建议书的编制单位一般是投资人。

——**易混淆点**：设计单位；政府部门；规划部门

采分点 16：可行性研究是一项十分重要的工作，加强可行性研究是对国家经济资源进行优化配置的最直接、最重要的手段，是提高项目决策水平的关键。

——**易混淆点**：市场分析与预测；社会评价；风险分析

采分点 17：建设项目取得一定经济效果的前提和保证是技术上的可行性，涉及拟建项目的厂址选择、生产规模、工艺技术方案、产品规格数量及所需机器设备的选定，以及原材料、动力、运输等因素的考虑。

——**易混淆点**：环境；国民经济

采分点 18：可行性研究在项目决策阶段占有特别重要的地位，它是进行项目决策的基础和依据，其工作质量的好坏，直接决定了项目决策的正确与否。

——**易混淆点**：方法；评价

采分点 19：可行性研究报告中的投资估算深度，应满足投资控制准确度要求。（2007 年考试涉及）

——**易混淆点**：金融机构信贷决策的需要；设备订货合同谈判的要求；施工图设计的需要

采分点 20：根据《国务院关于投资体制改革的决定》（国发〔2004〕20 号）规定，对于政府投资项目或使用政府性资金、国际金融组织和外国政府贷款投资建设的项目，继续实行<u>审批制</u>，需报批项目可行性研究报告。

——**易混淆点**：核准制；备案制；抽查制

第 **6** 章

设备更新分析（1Z101060）

【重点提示】

1ZL01061 掌握设备磨损的类型及补偿方式
1ZL01062 掌握设备更新方案的比选原则
1Z101063 掌握设备更新方案的比选方法

【采分点精粹】

采分点 1： 设备在使用过程中，在外力的作用下产生的磨损为<u>第一种有形</u>磨损。

　　——**易混淆点：** 第二种有形；第一种无形；第二种无形

采分点 2： 设备有形磨损的局部补偿是<u>大修理</u>。

　　——**易混淆点：** 现代化改造；更新

采分点 3： 对设备第二种无形磨损进行补偿的方式有<u>更新、现代化改装</u>。（2009 年、2006年、2005 年考试涉及）

　　——**易混淆点：** 日常保养；大修理；经常性修理

采分点 4： 某设备一年前购入后闲置至今，产生锈蚀，其遭受了<u>第二种有形</u>磨损。此间由于制造工艺改进，使该种设备制造成本降低，其市场价格也随之下降，则该设备遭受了<u>第一种无形</u>磨损。（2007 年考试涉及）

　　——**易混淆点：** 第一种有形，第二种有形；第二种无形，第一种有形

采分点 5：设备更新是对旧设备的<u>整体</u>更换，就其本质来说，可分为原型设备更新和新型设备更新。

　　——**易混淆点**：部分；零件

采分点 6：某设备三年前购买的原始成本是 90000 元，目前的账面价值为 40000 元，经过评估，该设备现在的净残值为 18000 元，则在设备更新方案比选中，该设备的沉没成本是 <u>90000</u> 元。（2010 年、2009 年考试涉及）

　　——**易混淆点**：50000；40000；18000

【分析过程】 沉没成本是过去已经支付的靠今后决策无法回收的金额，即已经发生的成本，不管企业生产什么和生产多少，此项成本都不可避免地要发生，因而决策对它不起作用。

采分点 7：某设备目前的实际价值为 8000 元，预计残值 800 元，第一年设备运行成本 600 元，每年设备的劣化增量是均等的，年劣化值为 300 元，则该设备的经济寿命是 <u>7</u> 年。

　　——**易混淆点**：6；8

【计算过程】 设备的经济寿命 $N_0 = \sqrt{\dfrac{2(P-L_N)}{\lambda}} = \sqrt{\dfrac{2\times(8000-800)}{300}} = 7$ 年

采分点 8：某设备在不同的使用年限（从 1 年到 7 年）下，年资产消耗成本和年运行成本如下表（单位：万元），则该设备的经济寿命为 <u>4</u> 年。（2009 年考试涉及）

使用年限	1	2	3	4	5	6	7
年资产消耗成本	90	50	35	23	20	18	15
年运行成本	20	25	30	35	40	45	60

　　——**易混淆点**：3；5；6

【计算过程】 所谓经济寿命就是年平均使用成本最低的时间，而年平均使用成本等于年资产消耗成本和年运行成本之和，经计算第 4 年年平均使用成本为 58 最低。

第 7 章

设备租赁与购买方案的比选（1Z101070）

【重点提示】

1Z101071　掌握设备租赁与购买的影响因素

1Z101072　掌握设备租赁与购买方案的分析方法

【采分点精粹】

采分点 1：对于承租人来说，设备租赁相对于设备购买的优越性有：可用较少的资金获得生产急需的设备、租金可在税前扣除，享受税费上的利益、可避免通货膨胀和利率波动的冲击。（2010 年、2004 年考试涉及）

　　——**易混淆点**：可以将承租的设备用于担保、抵押贷款；可以自主对设备进行改造

采分点 2：施工企业经营租赁设备比购买设备的优越性有：可获得出租方良好的技术服务、可避免通货膨胀和利率波动的冲击、可提高自身资金的流动性。（2006 年考试涉及）

　　——**易混淆点**：可以改善自身的投权结构；不必承担设备维修和管理的责任

采分点 3：正常情况下，同一设备寿命期内租赁费、租金和购置原价三者之间的数量关系是租赁费＞租金＞购置原价。（2009 年考试涉及）

　　——**易混淆点**：租赁费＞租金＝购置原价；租赁费＜租金＜购置原价；租赁费＝租金＞购置原价

采分点 4： 在进行设备租赁与设备购置的选择时，设备租赁与购置的经济比选是互斥方案选优问题，一般寿命相同时可以采用<u>净现值法</u>，设备寿命不同时可以采用<u>年值法</u>。

——**易混淆点：** 净现值指数，净现值；内部收益率，投资回收期

采分点 5： 某租出设备价格 50 万元，租期为 5 年，折现率 8%，附加率 4%，采用附加率法计算租金时，则每年租金不能低于 <u>16</u> 万元。（2006 年考试涉及）

——**易混淆点：** 11.2；12；14

【计算过程】 根据公式 $R = P\dfrac{(1+N\times i)}{N} + p\times r = 50\times\dfrac{(1+5\times 8\%)}{5} + 50\times 4\% = 16$ 万元。

价值工程（1Z101080）

【重点提示】

1Z101081　掌握价值工程的特点及提高价值的途径
1Z101082　熟悉价值工程的工作步骤

【采分点精粹】

采分点 1：价值工程中所述的"价值"是一个相对的概念，是指作为某种产品（或作业）所具有的<u>功能与获得该功能的全部费用的比值</u>，它不是对象的使用价值，也不是对象的交换价值，而是对象的比较价值，是作为评价事物有效程度的一种尺度。

——**易混淆点**：*产品的交换价值；产品全寿命时间价值；产品的使用价值*

采分点 2：价值工程涉及到价值、<u>功能</u>和寿命周期成本等三个基本要素。

——**易混淆点**：*费用；成本；价格*

采分点 3：价值工程的核心，是对产品进行<u>功能分析</u>。

——**易混淆点**：*设计方案优化；方案创造*

采分点 4：根据价值工程的原理，提高产品价值最为理想的途径是<u>在提高产品功能的同时，降低产品成本</u>。（2009 年考试涉及）

——**易混淆点**：*在产品成本不变的条件下，提高产品功能；在保持产品功能不*

变的前提下，降低成本；产品功能有较大幅度提高，产品成本有较少提高

采分点 5： 为有效提高建设项目的经济效果，在项目建设过程中进行价值工程活动的重点应放在设计阶段。（2009 年考试涉及）

——**易混淆点：** 施工；竣工验收；保修

采分点 6： 价值工程对象选择的方法有很多种，不同方法适宜于不同的价值工程对象，根据企业条件选用适宜的方法，就可以取得较好的效果，常用的方法有因素分析法、ABC 分析法、强制确定法、百分比分析法、价值指数法等。

——**易混淆点：** 因果分析法；专家会议法

采分点 7： 产品的功能按功能的重要程度分类，一般可分为基本功能和辅助功能。

——**易混淆点：** 过剩功能和不足功能；必要功能和不必要功能；总体功能和局部功能

采分点 8： 功能按性质分类，可划分为使用功能和美学功能。

——**易混淆点：** 量化标准；用户的需求；重要程度

采分点 9： 在价值工程的研究对象中，通过设计进行改进和完善的功能有过剩功能与不足功能。（2009 年考试涉及）

——**易混淆点：** 基本功能与辅助功能；不必要功能与局部功能

采分点 10： 价值工程分析阶段的工作步骤是功能定义→功能整理→功能评价。（2009 年考试涉及）

——**易混淆点：** 功能定义→功能评价→功能整理；功能整理→功能定义→功能评价；功能整理→功能定义→功能成本分析

第 **9** 章

新技术、新工艺和新材料应用方案的技术经济分析方法（1Z101090）

【重点提示】

1Z101091　掌握应用新技术、新工艺和新材料方案的选择原则

1Z101092　熟悉应用新技术、新工艺和新材料方案的技术经济分析方法

【采分点精粹】

采分点 1：建设工程项目在选择新工艺和新材料时，应遵循的原则有先进、可靠、适用、合理。（2009 年考试涉及）

　　——**易混淆点**：超前

采分点 2：在选择施工新工艺时，除应遵循技术上可靠、适用的原则，还应遵循的主要原则是经济合理。（2005 年考试涉及）

　　——**易混淆点**：质量合格；功能完善；进度合理

采分点 3：在工程建设中，对不同的新技术、新工艺和新材料应用方案进行经济分析可采用的静态分析有增量投资分析法、年折算费用法、综合总费用法。（2009 年考试涉及）

　　——**易混淆点**：增量投资分析法、净年值法、综合总费用法；年折算费用法、综合总费用法、净年值法；净年值法、净现值法、年折算费用法

采分点 4：已知某新技术应用方案的投资额为 100 万元，年工程成本为 20 万元，基准投资
收益率为 12%，则该方案的折算费用为 <u>32</u> 万元。（2005 年考试涉及）

——**易混淆点**：56；78

【**计算过程**】根据公式 $Z_j = C_j + P_j \times R_c$ =20+100×12%=32（万元）。

第二部分

会计基础与财务管理（1Z102000）

第 10 章

财务会计的职能与核算方法（1Z102010）

【重点提示】

1Z102011 熟悉会计的职能

1Z102012 熟悉会计假设

1Z102013 熟悉会计核算的原则

1Z102014 熟悉会计要素和会计等式

1Z102015 了解借贷记账法

1Z102016 了解会计凭证及会计账簿

【采分点精粹】

采分点 1：会计是经济管理的重要组成部分，包括财务会计和管理会计。

——**易混淆点**：财务会计和成本会计；管理会计和成本会计；财务会计和企业会计

采分点 2：会计是以通用的会计原则为指导，以货币为主要计量单位，运用专门的方法对企业的经济活动进行全面、连续、综合的核算和监督，对企业的资金运动进行反映和控制，并获取系统的会计信息，以取得最大的经济效益和管理效益为目的的一种管理活动。

——**易混淆点**：决策；控制；分析

采分点 3：会计的基本职能是会计核算与会计监督。（2005 年考试涉及）

——**易混淆点**：管理；分析；控制

采分点 4: 整个会计工作的基础是<u>记账、算账和报账</u>。

　　　　——**易混淆点:** 用账和结账

采分点 5: 会计核算具有完整性、连续性、<u>系统性</u>和综合性。

　　　　——**易混淆点:** 科学性; 稳定性

采分点 6: 会计监督职能是指会计在其核算过程中对经济活动的合法性、<u>合理性</u>和有效性所进行的审查。

　　　　——**易混淆点:** 科学性; 综合性; 强制性

采分点 7: 会计监督职能不仅体现在已经发生或已经完成的业务方面,还体现在业务发生过程之中以及尚未发生之前,包括<u>事前、事中和事后监督</u>。

　　　　——**易混淆点:** 法规监督、民主监督; 政策监督、行政监督; 上级主管、企业和职工监督

采分点 8: 会计监督是一种经常性的监督,具有完整性和<u>连续性</u>。

　　　　——**易混淆点:** 综合性; 强制性; 科学性

采分点 9: 会计监督主要利用各种价值指标,以财务活动为主,具有<u>综合性</u>。

　　　　——**易混淆点:** 完整性; 强制性; 连续性

采分点 10: 会计监督是以法律、法规和制度为依据的监督,具有<u>强制性</u>和<u>严肃性</u>。

　　　　——**易混淆点:** 系统性; 科学性; 完整性

采分点 11: 会计假设包括会计主体、持续经营、<u>会计分期</u>和货币计量。

　　　　——**易混淆点:** 会计核算

采分点 12: 会计核算的规定范围主要是<u>会计主体</u>,它不仅要求会计核算应当区分自身的经济活动与其他企业单位的经济活动,而且必须区分企业的经济活动与投资者的

经济活动。

——**易混淆点**：持续经营；会计分期；会计期间

采分点 13：企业或会计主体的生产经营活动将无限期地延续下去，在可预见的未来，不会进行清算的是<u>持续经营</u>。

——**易混淆点**：会计主体；会计分期；会计期间

采分点 14：我国的《企业会计准则》规定，在会计核算中，企业会计应当以<u>货币</u>为计量单位，并且通常应选择人民币作为记账本位币。

——**易混淆点**：人民币以外的货币

采分点 15：我国《企业会计准则》规定，业务收支以人民币以外的货币为主的企业，可以按规定选择其他货币作为记账本位币，但是编报的财务会计报告应当<u>折算为人民币</u>。（2010 年考试涉及）

——**易混淆点**：折算为美元列示；作为记账本位币的外币列示

采分点 16：企业应当以<u>权责发生制</u>为基础进行会计的确认、计量和报告。

——**易混淆点**：历史成本；收付实现制

采分点 17：与权责发生制相对应的一种会计基础是<u>收付实现制</u>，它是以收到或支付的现金为确认收入和费用的依据。

——**易混淆点**：历史成本；谨慎性原则；客观性原则

采分点 18：会计信息质量要求是对企业财务报告中所提供会计信息质量的基本要求，主要包括可靠性、相关性、可理解性、可比性、<u>实质重于形式</u>、重要性、谨慎性和及时性等。

——**易混淆点**：综合性；系统性

采分点 19：企业提供的会计信息应当与财务会计报告使用者的经济决策需要相关，有助于财务会计报告使用者对企业过去、现在或者未来的经济情况做出评价或者预测的是<u>相关性</u>。

——**易混淆点**：可靠性；可理解性；可比性

采分点 20：会计信息的专业性较强，在强调会计信息的<u>可理解性</u>要求的同时，还应假定使用者具有一定的有关企业经营活动和会计方面的知识。

　　——**易混淆点**：可比性；谨慎性；及时性

采分点 21：会计信息质量的可比性要求包括两层含义，即<u>同一企业不同时期可比、不同企业相同会计期间可比</u>。

　　——**易混淆点**：会计数据具有可靠性、会计数据具有可验证性；会计数据具有可理解性、会计数据具有可比性

采分点 22：在会计核算的过程中，若遇到一些经济实质与法律形式不吻合的业务或事项时，应以其<u>经济实质</u>作为确认和计量的依据。

　　——**易混淆点**：重要性；谨慎性；及时性

采分点 23：遵循<u>重要性</u>原则的要求，企业在会计核算过程中对交易或事项应当区别其重要程度，采用不同的核算方式。

　　——**易混淆点**：谨慎性；及时性；可靠性

采分点 24：会计信息质量的<u>谨慎性</u>要求，需要企业在面临不确定性因素的情况下做出职业判断时，应当保持应有的谨慎，充分估计到各种风险和损失，既不高估资产或者收益，也不低估负债或者费用。

　　——**易混淆点**：重要性；及时性；可比性

采分点 25：会计信息的价值在于帮助所有者或者其他利益相关者做出经济决策，具有<u>时效性</u>。

　　——**易混淆点**：相关性；可比性；重要性

采分点 26：在会计确认、计量和报告过程中贯彻及时性的要求是及时收集会计信息、<u>处理会计信息</u>、传递会计信息。

　　——**易混淆点**：审计会计账目；评估会计信息

采分点 27： 会计要素计量属性主要包括历史成本、重置成本、<u>可变现净值</u>、现值和公允价值。

——**易混淆点：** 经营成本

采分点 28： 在历史成本计量下，资产按照其购置时支付的现金或者现金等价物的金额，或者按照购置资产时所付出的对价的<u>公允价值</u>计量。

——**易混淆点：** 可变现净值；现值

采分点 29： 在重置成本计量下，资产按照现在购买相同或者相似资产所需支付的现金或者现金等价物的<u>金额</u>计量。

——**易混淆点：** 公允价值；现值；可变现净值

采分点 30： 在正常生产经营过程中以预计售价减去进一步加工成本和销售所必须的预计税金、费用后的净值，称为<u>可变现净值</u>。

——**易混淆点：** 现值；公允价值

采分点 31： 对未来现金流量以恰当的折现率进行折现后的价值，是考虑货币时间价值因素的一种计量属性，称为<u>现值</u>。

——**易混淆点：** 可变现净值；公允价值

采分点 32： 在公平交易中，熟悉情况的交易双方自愿进行资产交换或者负债清偿的金额是指<u>公允价值</u>。

——**易混淆点：** 可变现净值；现值

采分点 33： 在各种会计要素计量属性中，历史成本通常反映的是<u>资产或者负债过去的价值</u>，而重置成本、可变现净值、现值以及公允价值通常反映的是<u>资产或者负债的现时成本或者现时价值</u>，是与历史成本相对应的计量属性。

——**易混淆点：** 所有者权益的现时价值，资产或者负债的过去价值；资产或者负债的现时价值，所有者权益的过去价值

采分点 34： 企业按照交易或者事项的经济特征而进行的基本分类项目称为<u>会计要素</u>。

　　——**易混淆点：** 会计分录；会计假设；会计原则

采分点 35： 会计核算中，反映财务状况的要素由<u>资产、负债和所有者权益</u>构成。（2010 年考试涉及）

　　——**易混淆点：** 资产、负债和利润；收入、费用和利润；净资产、负债和所有者权益

采分点 36： 财务状况是指企业在某一日期经营资金的来源和分布情况，一般通过<u>资产负债表</u>反映。（2006 年考试涉及）

　　——**易混淆点：** 现金流量表；利润分配表；利润表

采分点 37： 企业过去的交易或者事项形成的、由企业拥有或者控制的、预期会给企业带来经济利益的资源是指<u>资产</u>。

　　——**易混淆点：** 资本；银行存款；所有者权益

采分点 38： 企业过去的交易或者事项形成的、预期会导致经济利益流出企业的现时义务是指<u>负债</u>。

　　——**易混淆点：** 成本；费用

采分点 39： 所有者权益的来源包括所有者投入的资本、直接计入所有者权益的利得和损失、<u>留存收益</u>等。

　　——**易混淆点：** 成本；负债

采分点 40： 经营成果是指企业在一定时期内的生产经营活动的结果，是企业生产经营过程中取得的收入与耗费相比较的差额，一般通过<u>利润表</u>反映。

　　——**易混淆点：** 现金流量表；利润分配表；资产负债表

采分点 41： 会计核算中，反映经营成果的要素由<u>收入、费用和利润</u>构成。

　　——**易混淆点：** 资产、负债和利润；资产、负债和所有者权益；净资产、负债

和所有者权益

采分点 42： 企业在日常活动中形成的、会导致所有者权益增加的、与所有者投入资本无关的经济利益的总流入，称为<u>收入</u>。

——**易混淆点：** 资产；利润

采分点 43： 企业在日常活动中发生的、会导致所有者权益减少的、与向所有者分配利润无关的经济利益的总流出，称为<u>费用</u>。

——**易混淆点：** 负债；成本

采分点 44： 企业在一定会计期间的经营成果是<u>利润</u>。

——**易混淆点：** 所有者权益；收入

采分点 45： 静态会计等式由三个会计要素构成，即<u>资产、负债和所有者权益</u>，是反映企业一定时点上财务状况的会计等式。

——**易混淆点：** 收入、费用和利润；资产和负债；收入和费用

采分点 46： 静态会计等式是<u>资产＝负债＋所有者权益</u>。（2010 年、2006 年考试涉及）

——**易混淆点：** 资产＝债权人权益；收入-费用＝利润

采分点 47： 动态会计等式由<u>收入、费用和利润</u>三个会计要素构成，是反映企业一定经营期间经营成果的会计等式。（2009 年考试涉及）

——**易混淆点：** 收入和费用；资产和负债

采分点 48： 动态会计等式是<u>收入-费用＝利润（或亏损）</u>。

——**易混淆点：** 资产＝负债＋所有者权益；资产＝负债-所有者权益

采分点 49： 企业向某厂购入价值 3000 元的材料，货已收到，款已支付。采用复式记账法记账时，除在有关材料账户做增加 3000 元的记录外，还应<u>在银行存款账户做减少 3000 元的记录</u>。（2009 年考试涉及）

——**易混淆点**：在利润账户做减少 3000 元的记录；在收入账户做增加 3000 元的记录；在预付款账户做增加 3000 元的记录

【分析过程】购入价值 3000 元的材料，货已收到，说明材料这种资产增加了 3000 元，但款已支付，说明材料资产增加的同时，货币资产又减少了 3000 元。按照复式记账法记账原理，除在有关材料账户做增加 3000 元的记录外，还应在另一个货币资产账户做减少 3000 元的记录。

采分点 50：复式记账法是一种非常科学的记账方法，应遵循的基本原则包括会计等式作为记账基础、对每一项业务必须在两个或两个以上相互联系的账户中进行等额记录、必须按经济业务对会计等式影响类型进行记录。

——**易混淆点**：以"借"和"贷"作为记账符号；账户的借贷两方必须做相反的记录

采分点 51：在借贷记账法下，账户的贷方应登记利润的增加额。（2006 年考试涉及）

——**易混淆点**：资产的增加额；费用的增加额；收入的减少额

采分点 52：在借贷记账法中，借方登记的是资产和费用账户的增加，负债、所有者权益和收入类账户的减少。

——**易混淆点**：资产和费用账户的减少，负债、所有者权益和收入账户的增加；资产和负债的减少，负债、所有者权益和收入账户的增加

采分点 53：在借贷记账法中，贷方登记的是资产和费用账户的减少，负债、所有者权益和收入类账户的增加。

——**易混淆点**：资产和费用账户的增加，负债、所有者权益和收入账户的减少；资产和负债的减少，负债、所有者权益和收入账户的增加

采分点 54：资产类账户的借方登记资产的增加额，贷方登记资产的减少额，账户若有余额，一般为借方余额，表示期末的资产金额。

——**易混淆点**：减少额，增加额；增加额，增加额；减少额，减少额

采分点 55：借贷记账法的记账规则是有借必有贷，借贷必相等。

——**易混淆点**：以会计等式作为记账基础；以"借"和"贷"为记账符号；将每个账户分为左右两方

采分点 56：借贷记账法的记帐规则"有借必有贷"是指任何一笔经济业务的数据都必须同时记入两个或两个以上相互联系账户的借方和贷方。（2006 年考试涉及）

——**易混淆点**：计入的借方账户的数量等于贷方账户的数量；所登记的借方账户类型与贷方账户类型相同；都必须记入同一账户的借方和贷方

采分点 57：借贷记账法的记帐规则"借贷必相等"是指对于发生的任何一笔经济业务，记账时计入账户的借方金额与贷方金额在数量上必须相等。（2010 年、2007 年考试涉及）

——**易混淆点**：借方账户的数量要与贷方账户的数量相等；借方账户的增加额等于贷方账户的减少额；借方账户的增加额等于贷方账户的增加额

采分点 58：采用借贷记账法，由于对任何经济业务都是按照"有借必有贷，借贷必相等"的记账规则记入各有关账户，所以不仅每一笔会计分录借贷发生额相等，而且当一定会计期间的全部经济业务都记入相关账户后，所有账户的借方发生额合计数必然等于贷方发生额合计数；同时期末结账后，全部账户借方余额合计数也必然等于贷方余额合计数。

——**易混淆点**：大于；小于

采分点 59：当企业发生具体经济业务时，应该计入账户的借方，还是计入账户贷方，则需要根据账户的性质和经济业务的内容来决定，即不同性质的账户具有不同的结构，分别记录不同的经济业务。

——**易混淆点**：账户结构；账户性质；记账规则

采分点 60：整个会计核算工作的起点和基本环节是取得和填制会计凭证。

——**易混淆点**：会计科目；会计要素；会计账簿

采分点 61：会计凭证按照填制程序和用途不同，可分为原始凭证和记账凭证。

——**易混淆点**：一次凭证和累计凭证；累计凭证和汇总凭证；自制凭证和外来凭证

采分点 62：经济业务发生时取得或填制的是<u>原始凭证</u>，用以记录和证明经济业务的发生和完成情况的文件，是会计核算的原始资料和填制记账凭证的依据。

——**易混淆点**：会计报表；会计科目；会计要素

采分点 63：原始凭证按其取得的来源不同，可分为<u>外来原始凭证和自制原始凭证</u>。

——**易混淆点**：累计凭证和汇总凭证；一次凭证和累计凭证

采分点 64：原始凭证必须具备的基本内容包括：原始凭证的名称；填制凭证的日期及编号；<u>接受凭证单位名称</u>；经济业务内容、数量、单价和金额；填制凭证单位名称或者填制人姓名；经办人员的签名或者盖章。（2005 年考试涉及）

——**易混淆点**：会计科目和金额

采分点 65：会计人员根据审核无误的原始凭证或汇总原始凭证，按照经济业务的内容加以归类整理的会计分录凭证是<u>记账凭证</u>。

——**易混淆点**：原始凭证；会计凭证；累计凭证

采分点 66：为了保证账户记录的正确性，对于发生的经济业务，在记入账户之前，应先对其进行分析，确定所涉及的账户名称，以及应记入账户的方向，这就需要编制<u>会计分录</u>。

——**易混淆点**：会计科目；会计账户；会计凭证

采分点 67：将会计分录记录在一定格式中，并作为登记账簿的直接依据，即<u>记账凭证</u>。

——**易混淆点**：原始凭证；累计凭证；一次凭证

采分点 68：按照会计要素的具体内容进一步分类，并以此为依据设置账户，分类地、连续地记录经济业务增减变动情况，再通过整理和汇总等方法，反映会计要素的增减变动及其结果，从而提供各种有用的数据和信息，称为<u>会计科目</u>。

——**易混淆点**：会计凭证；会计账户；会计账簿

采分点 69： 会计账簿按账簿用途不同，可分为<u>序时账簿、分类账簿和备查账簿</u>。

　　——**易混淆点：** 卡片式账簿和订本式账簿

采分点 70： 总分类账简称总账，是根据一级会计科目设置的，用来登记全部经济业务，进行总分类核算，提供<u>总括</u>核算资料的分类账簿。

　　——**易混淆点：** 序时；补充；明细

采分点 71： 会计账簿按账簿外表形式不同，可分为<u>订本式账簿、活页式账簿和卡片式账簿</u>。

　　——**易混淆点：** 序时账簿、分类账簿和备查账簿

采分点 72： 对账的内容一般包括账证核对、<u>账账核对</u>、账实核对。

　　——**易混淆点：** 债权债务核对；资产负债核对

第 11 章

资产的核算（1Z102020）

【重点提示】

1Z102021　掌握流动资产的核算内容

1Z102023　掌握长期股权投资的核算内容

1Z102024　掌握无形资产的核算内容

1Z102025　掌握其他资产的核算内容

【采分点精粹】

采分点 1： 资产主要包括三个方面的特征，即资产是由过去的交易、事项所形成的；是企业拥有或控制的；<u>预期会给企业带来经济利益</u>。

　　　　——**易混淆点：** 预期未来发生的交易或事项；预期会给企业带来经济损失

采分点 2： 流动资产是指可以在 1 年或者超过 1 年的一个营业周期内变现或耗用的资产，主要包括货币资金、<u>交易性金融资产</u>、应收及预付款项和存货等。（2010 年考试涉及）

　　　　——**易混淆点：** 固定资产；无形资产

采分点 3： 按照国务院颁发的《现金管理暂行条例》规定，企业可以使用的现金范围包括：职工工资、津贴；个人劳务报酬；根据国家规定颁发给个人的科学技术、文化艺术、体育等各种奖金；各种劳保、福利费用以及国家规定的对个人的其他支出；向个人收购农副产品和其他物资的价款；<u>出差人员必须随身携带的差旅费</u>；结算起点以下的零星支出（结算起点为 1000 元）；中国人民银行确定需要支付现金的其他支出。（2005 年考试涉及）

——**易混淆点**：出差人员采购原材料的货款

采分点 4：按照《现金管理暂行条例》的规定，企业现金收入应于<u>当日</u>送存开户银行，不得超额存放现金。

——**易混淆点**：3 日内；5 日内

采分点 5：按照《现金管理暂行条例》的规定，企业日常零星开支所需要的现金，由开户银行根据企业的实际情况核定最高限额，一般为<u>3~5</u>天的日常零星开支所需的数量。

——**易混淆点**：1~2；2~3

采分点 6：企事业单位日常转账结算和现金支取的账户是<u>基本</u>存款账户。

——**易混淆点**：一般；临时；专用

采分点 7：企事业单位在基本存款账户以外开设的账户是<u>一般</u>存款账户。

——**易混淆点**：临时；专用

采分点 8：企事业单位的销售货款不能转入<u>专用</u>存款账户。

——**易混淆点**：基本；一般；临时

采分点 9：为了加强对基本存款账户的管理，企事业单位开立基本存款账户，要实行开户许可证制度，必须凭<u>中国人民银行</u>当地分支机构核发的开户许可证办理，企事业单位不得为还贷、还债和套取现金而多头开立基本存款账户。

——**易混淆点**：中国农业银行；中国建设银行

采分点 10：企业在经营过程中，经常与其他经济主体发生往来结算业务，这些结算业务，除少量按现金管理办法规定可以用现金结算外，大部分都需要通过<u>银行转账</u>方式进行转账结算。

——**易混淆点**：银行汇票；支票结算

采分点 11：为保证银行结算业务的正常开展，使社会经济活动中各项资金得以通畅流转，根据《中华人民共和国票据法》和《票据管理实施办法》，中国人民银行总行颁布了《支付结算办法》，根据该办法的规定，目前银行结算方式包括银行支票、汇票、商业汇票、银行本票、信用卡、汇兑、委托收款、异地托收承付和信用证等 9 种。

　　——**易混淆点**：委托收付

采分点 12：支票的提示付款期限为自出票日起 <u>10</u> 天。

　　——**易混淆点**：3；5

采分点 13：《支付结算办法》规定，对出票人签发空头支票、签章与预留银行签章不符或支付密码错误的支票，银行予以退票，并由银行按票面金额处以 5%但不低于 1000 元的罚款，同时持票人有权要求出票人赔偿支票金额 <u>2%</u>的赔偿金。

　　——**易混淆点**：3%；5%

采分点 14：银行汇票的付款期限为自出票日起 <u>1</u> 个月内，为保障收款人和持票人在特殊情况下的票据权利，以及申请人的利益，收款人或持票人超过期限提示付款，代理付款银行不予受理，申请人因超过付款提示期限或其他原因，可向出票银行做出说明，并提供有关证件请求付款或退款。

　　——**易混淆点**：2；3

采分点 15：商业汇票按其承兑人不同分为两种，即商业承兑汇票和银行承兑汇票。（2005 年考试涉及）

　　——**易混淆点**：银行汇票和银行本票；支票和债券

采分点 16：商业汇票的付款期限由交易双方商定，但最长不得超过 <u>6</u> 个月。

　　——**易混淆点**：3；5

采分点 17：商业汇票的提示付款期限自汇票到期日起 <u>10</u> 日内。

　　——**易混淆点**：5；15

采分点 18： 定日付款或者出票后定期付款的商业汇票，持票人应在汇票到期日前向付款人提示承兑；见票后定期付款的汇票，持票人应当自出票日起 <u>1</u> 个月内向付款人提示承兑。

——**易混淆点**：2；3

采分点 19： 商业汇票的付款人应当自收到提示承兑的汇票之日起 <u>3</u> 日内承兑或者拒绝承兑。

——**易混淆点**：5；10

采分点 20： 单位和个人在同一票据交换区域需要支付各种款项，均可以使用<u>银行本票</u>。

——**易混淆点**：信用卡；银行汇票；汇兑

采分点 21： 只允许全额付款或全部拒绝付款，付款人不能部分拒绝付款的是<u>委托收款</u>。

——**易混淆点**：银行汇票；托收承付；商业汇票

采分点 22： 适用于企业跨跃不同票据交易区域使用的结算方式是银行汇票、<u>商业汇票</u>、委托收款。（2006 年考试涉及）

——**易混淆点**：银行本票；支票

采分点 23： 根据购销合同由收款人发货后委托银行向异地付款人收取款项，由付款人向银行承认付款的结算方式是<u>托收承付</u>。（2006 年考试涉及）

——**易混淆点**：委托收款；商业汇票；汇兑

采分点 24： 国际结算的一种主要方式是<u>信用证</u>。

——**易混淆点**：银行本票；信用卡；支票结算

采分点 25： 信用是有条件的银行付款凭证，在我国，出口企业的开证行是<u>中国银行</u>。

——**易混淆点**：国家开发银行；中国人民银行

采分点 26： 银行按照买方或业主的申请，向卖方或承包方所出具的一种旨在保证货款支付或承包工程进度款支付的付款保证承诺是<u>付款保函</u>。

——**易混淆点**：收款保函；预付款保函；履约保函

采分点 27：企业已存入证券公司但尚未进行短期投资的现金是<u>存出投资款</u>。

——**易混淆点**：信用卡保证金存款；信用证保证金；外埠存款

采分点 28：一经存入银行即具有了专门的用途，企业不可以再将其用于其他方面的存款是<u>银行汇票存款</u>。（2005 年考试涉及）

——**易混淆点**：信用保证金存款；信用卡存款；存出投资款

采分点 29：企业的应收及预付款项大多是在结算过程中形成的<u>流动资产</u>。

——**易混淆点**：无形；固定

采分点 30：企业的应收及预付款项主要包括：应收账款、<u>应收票据</u>、其他应收款和预付款项。

——**易混淆点**：应收股利；应付账款

采分点 31：应收票据按其是否计息可以分为<u>带息票据和不带息票据</u>。

——**易混淆点**：短期应收票据和长期应收票据；商业承兑汇票和银行承兑汇票

采分点 32：某施工企业因生产经营急需资金，于 2008 年 7 月 1 日将一张 2008 年 6 月 1 日本地签发的期限为 5 个月、票面金额为 1000000 元的不带息商业汇票向银行贴现，银行要求的年贴现率为 6%，则该施工企业的贴现所得金额为 <u>980000</u> 元。（2009 年考试涉及）

——**易混淆点**：930000；940000

【**计算过程**】2008 年 6 月 1 日本地签发的期限为 5 个月的不带息商业汇票，2008 年 7 月 1 日向银行贴现说明持有票据期限为 1 个月，则贴现期为 4 个月。贴现息＝$1000000 \times 6\% \times 4 \div 12 = 20000$ 元；贴现所得＝$1000000 - 20000 = 980000$ 元。

采分点 33：在施工企业中，<u>预付账款</u>是企业按照工程合同规定预付给承包单位的款项，包括预付工程款和预付备料款，以及按照购货合同规定预付给供应单位的购货款。

——**易混淆点**：应收账款；应收票据

采分点 34：在大多数企业中，存货占流动资产的比重较大，是流动资产的重要组成部分。

——**易混淆点**：货币资金；交易性金融资产；应收及预付款项

采分点 35：施工企业的存货，按其用途分类包括：各类库存材料、周转材料、低值易耗品、委托加工物资、在建施工产品、施工产品等。（2007 年考试涉及）

——**易混淆点**：临时设施

采分点 36：库存材料是指企业购入的用于施工生产活动的各种材料，包括主要材料、结构件、机械配件、其他材料等。（2007 年考试涉及）

——**易混淆点**：安全网；模板；架料

采分点 37：根据会计准则及相关规定，企业可以采用的发出存货成本的确定方法有个别计价法、先进先出法、加权平均法。

——**易混淆点**：简单平均法；后进先出法

采分点 38：现行《企业会计准则》规定，根据谨慎性原则，当存货的可变现净值下跌至成本以下时，表明该存货给企业带来的未来经济利益低于其账面金额，因此应将这部分损失从资产价值中扣除，计入当期损益。

——**易混淆点**：高于；等于

采分点 39：固定资产的特征包括：使用年限超过一年或长于一年的一个会计年度，而且在使用过程中保持原来的物质形态不变；使用寿命是有限的；用于生产经营活动而不是为了出售。（2007 年考试涉及）

——**易混淆点**：与该固定资产有关的经济利益很可能流入企业

采分点 40：按现行会计制度及有关规定，企业因征地而支付的补偿费应计入与土地有关的房屋、建筑物的价值内，不单独作为土地价值入账。（2006 年考试涉及）

——**易混淆点**：营业外支出；企业管理费

采分点 41：在会计实务中，企业一般应按月计提固定资产折旧。

——**易混淆点**：日，年

采分点 42：当月增加的固定资产，当月不计提折旧，从下月起计提折旧；当月减少的固定资产，当月照提折旧，从下月起停止计提折旧。（2005 年考试涉及）

——**易混淆点**：从本月开始停止计提折旧；继续按月计提折旧，直到提足为止；补提折旧

采分点 43：新的会计标准规定，应计折旧额是固定资产的原价扣除其预计净残值后的金额。

——**易混淆点**：累计折旧；累计减值准备

采分点 44：固定资产的折旧方法包括平均年限法、工作量法、双倍余额递减法和年数总和法等。

——**易混淆点**：后进先出法

采分点 45：将固定资产按预计使用年限平均计算折旧均衡地分摊到各期的一种方法是平均年限法。

——**易混淆点**：年数总和法；工作量法；双倍余额递减法

采分点 46：某施工企业的一台拖拉机按工作量法计提折旧，该拖拉机原价 3000 元，预计净残值 5%，可工作 500 个台班时数，投入使用后，第一年工作台班为 250 个小时，则该拖拉机第一年的折旧额为 14250 元。

——**易混淆点**：5700；8550

【计算过程】拖拉机单位台班小时折旧额＝30000×（1－5%）/500＝57 元；第一年折旧额＝57×250＝14250 元

采分点 47：某钢结构公司有一台吊车，该吊车原价 100000 元，预计净残值 10%，可工作 1000 个台班时数，投入使用后，第一年的工作台班数为 100 个小时，第二年的工作台班数为 150 个小时，若按工作量法计提折旧，则该吊车第二年的折旧

额为 <u>13500</u> 元。

——**易混淆点**：8250；14500

【计算过程】吊车单位台班小时折旧额＝100000×（1－10%）/1000＝90 元；
第二年折旧额＝90×150＝13500 元

采分点 48：某路桥公司的一台公路施工设备原价 50000 元，预计净残值 10%，可工作 1000
个台班时数。投入使用后，前三年各年的实际工作台班数为：第一年 200 个小
时，第二年 150 个小时，第三年 150 个小时。若按工作量法计提折旧，则该施
工设备前三年的折旧额合计为 <u>22500</u> 元。

——**易混淆点**：13500；25400

【计算过程】公路施工设备单位台班小时折旧额＝50000×（1－10%）/1000＝45；前三年
折旧额合计＝45×（200＋150＋150）＝22500

采分点 49：折旧基数随着使用年限的变化而不断变化的是<u>双倍余额递减法</u>。（2005 年考试
涉及）

——**易混淆点**：年数总和法；平均年限法；工作量法

采分点 50：某固定资产原值为 80 万元，预计净残值为 8 万元，使用年限为 6 年，采用平
均年限法计提折旧，则固定资产月折旧额是 <u>1</u> 万元。（2005 年考试涉及）

——**易混淆点**：1.1；3

【计算过程】年折旧额为：（80－8）/6＝12 万元

月折旧额为：12/12＝1 万元

采分点 51：折旧率随着使用年限的变化而变化的固定资产折旧计算方法是<u>年数总和法</u>。
（2007 年考试涉及）

——**易混淆点**：平均年限法；工作量法；双倍余额递减法

采分点 52：某施工企业购入一台设备，价款 10 万元，该设备使用年限为 10 年，净残值率
为 5%，根据企业会计准则及相关规定，该设备的年折旧率为 <u>9.5%</u>。

——**易混淆点**：10%；12%

【计算过程】直线法年折旧率＝（1－5%）/10＝9.5%

采分点 53：某建筑企业购入一台塔吊，购置成本为 12 万元，该塔吊使用年限为 10 年，净残值率为 5%，根据企业会计准则及相关规定，按直线法计提折旧时，该塔吊第三年计提的折旧额为 <u>11400</u> 元。

——**易混淆点**：12400；13500

【计算过程】按直线法计提折旧额，第三年折旧额＝120000×9.5%＝11400 元

采分点 54：某企业购入一台运输设备，购置成本 24 万元，该运输设备使用年限为 10 年，根据企业会计准则及相关规定，按双倍余额递减法，该运输设备第三年计提的折旧额为 <u>30720</u> 元。

——**易混淆点**：19530；31260

【计算过程】按双倍余额递减法，固定资产折旧率＝2÷固定资产使用年限×100%＝2÷10×100%＝20%；第一年折旧额＝240000×20%＝48000 元；第二年折旧额＝（240000－48000）×20%＝38400 元；第三年折旧额＝（240000－48000－38400）×20%＝30720 元

采分点 55：某企业 2010 年 3 月购入一台设备，根据企业会计准则及其相关规定，该企业应该开始计提折旧的时间是 2010 年 <u>4</u> 月。

——**易混淆点**：3；5

【分析过程】当期购买的固定资产从下个月开始计提折旧。

采分点 56：某企业购入一项固定资产，预计使用年限为 10 年，预计净残值率为 8%，根据企业会计准则及相关规定，按平均年限法计提折旧，该固定资产第二年的折旧率是 <u>9.2%</u>。

——**易混淆点**：10%；20%

【计算过程】按平均年限法计提折旧，第二年折旧率＝（1－净残值率）/使用年限＝（1－8%）/10＝9.2%

采分点 57：固定资产日常修理的特点是修理范围小、费用支出少、修理间隔短，日常修理并不增加固定资产的使用价值，也不会延长固定资产的使用寿命，而且对收益的影响也仅限于修理的当期，因此发生的修理费也是作为<u>当期费用</u>来处理。（2010 年考试涉及）

——**易混淆点**：直接费用；待摊费用；维持运营投资

采分点 58：企业出售一项无形资产，摊余价值 100 万元，相关减值准备 10 万元，出售所得价款为 85 万元，该企业出售该项固定资产的损失为 5 万元。

——**易混淆点**：10；15

【计算过程】出售固定资产的损失＝100－10－85=5 万元。

采分点 59：固定资产的账面价值是固定资产扣减累计折旧和累计减值准备后的金额。（2009 年考试涉及）

——**易混淆点**：预计净残值和累计减值准备；累计折旧；预计净残值

采分点 60：固定资产盘亏造成的损失，应当计入当期损益。

——**易混淆点**：入账价值

采分点 61：长期股权投资达到控制的条件包括：投资企业直接拥有被投资单位 50%以上的表决权资本；投资企业虽然拥有被投资单位 50%以下的表决权资本，但对被投资单位具有实质控制权。

——**易混淆点**：20%；30%

采分点 62：成本法的适用范围包括：企业持有的能够对被投资单位实施控制的长期股权投资，即企业持有的对子公司投资；企业对被投资单位不具有共同控制或重大影响，且在活跃市场中没有报价、公允价值不能可靠计量的长期股权投资。

——**易混淆点**：被投资单位具有共同控制的长期股权投资；被投资单位具有重大影响的长期股权投资

采分点 63：企业对被投资单位具有共同控制或重大影响时，长期股权投资应采用权益法核算，即对合营企业的投资及对联营企业的投资，应当采用权益法核算。

——**易混淆点**：成本法；定额法；年数总和法

采分点 64：无形资产主要包括专利权、商标权、著作权、土地使用权、非专利技术、特许权等。（2009 年考试涉及）

——**易混淆点**：出让的土地使用权；低值易耗品；临时设施

采分点 65：无形资产的特点包括：不存在实物形态；能够在较长时期内为企业提供经济利益；企业持有无形资产的目的是使用而不是出售；所能提供的未来经济效益具有<u>不确定性</u>；是企业有偿取得的。

——**易混淆点**：不稳定性；可靠性

采分点 66：我国商标法规定，商标权的有效期限为<u>10</u>年，期满前可继续申请延长注册期。

——**易混淆点**：5；20

采分点 67：非专利技术指未经公开也未申请专利，但在生产经营活动中已采用了的、不享有法律保护，但为发明人所垄断，具有实用价值的各种技术和经验，如设计图纸、资料、数据、<u>技术规范</u>、工艺流程、材料配方、管理制度和方法等。（2006年考试涉及）

——**易混淆点**：产品名称；商标；商誉

采分点 68：企业转让无形资产的方式有<u>转让所有权和转让使用权</u>。

——**易混淆点**：转让收益权和转让处置权；转让管理权和转让使用权

采分点 69：其他资产是指除流动资产、长期股权投资、固定资产、无形资产等以外的资产，主要包括长期待摊费用、<u>临时设施</u>和其他长期资产等。（2005年考试涉及）

——**易混淆点**：土地使用权；债券投资；待摊费用

采分点 70：企业的长期待摊费用主要包括<u>租入固定资产改良支出</u>、开办费。

——**易混淆点**：国家批准储备的特种物资；固定资产租金支出；不计入固定资产价值的借款费用

第 12 章

负债的核算（1Z102030）

【重点提示】

1Z102031　掌握流动负债的核算内容
1Z102032　掌握非流动负债的核算内容

【采分点精粹】

采分点 1： 施工企业的流动负债包括短期借款、应付票据、应付账款、预收账款、应付职工薪酬、应付股利、应交税费、其他应付款和一年内到期的非流动负债等。（2010年考试涉及）

　　——**易混淆点**：短期投资；应付债券；预付账款

采分点 2： 按照企业流动负债产生的原因中，利润分配产生的流动负债是应付股利。（2009年考试涉及）

　　——**易混淆点**：应付工资；应付账款；短期借款

采分点 3： 按照企业流动负债的应付金额是否肯定，可以将其分成三类，即应付余额肯定的流动负债、应付金额视经营情况而定的流动负债、应付金额予以估计的流动负债。

　　——**易混淆点**：应付金额视资信等级而定的流动资产；应付金额结算过程中的流动负债

采分点 4： 企业的短期借款的特征之一是借款期限较短，一般为1年以下（含1年）。

　　——**易混淆点**：2；3

采分点 5：企业在商品购销活动中和对工程价款进行结算时，因采用商业汇票结算方式而发生的，由出票人出票，委托付款人在指定日期无条件支付确定的金额给收款人或者持票人的票据，称为<u>应付票据</u>。

　　——**易混淆点**：应付账款；预收账款；应交税金

采分点 6：带息应付票据的面值就是票据的现值，在期末时，对尚未支付的应付票据应计提利息，计入<u>财务费用</u>；不带息应付票据，其面值就是票据到期时的应付金额。

　　——**易混淆点**：管理费用；经营费用

采分点 7：企业因购买材料、商品或接受劳务供应等而应付给供应单位的款项，以及因出包工程而应付给其他单位的工程价款等，是买卖双方在购销活动中由于取得物资与支付货款在时间上不一致而产生的负债，称为<u>应付账款</u>。

　　——**易混淆点**：应付票据；应交税费；应付股利

采分点 8：预收账款应于实际收到时确认为一项<u>流动负债</u>，并按照实际收到的金额计量确认。

　　——**易混淆点**：无形资产；固定资产

采分点 9：企业在实现利润按照税法及有关法规的规定交纳相关税费后应给予投资者的回报是<u>应付股利</u>。（2005 年考试涉及）

　　——**易混淆点**：任意盈余公积；法定公益金；股票溢价

采分点 10：一年内到期的非流动负债反映企业各种非流动负债在一年之内到期的金额，包括一年内到期的长期借款、<u>长期应付款</u>和应付债券。

　　——**易混淆点**：应付票据；应付账款；应付股利

采分点 11：非流动负债是指偿还期在一年或者超过一年的一个营业周期以上的债务，包括<u>长期借款</u>、应付债券、长期应付款、专项应付款等。（2007 年、2006 年考试涉及）

　　——**易混淆点**：长期投资

采分点 12： 非流动负债一般根据长期资金筹措方式的不同可分为两类，即<u>应付公司债券和长期应付票据</u>。

　　——**易混淆点：** 带息应付票据和不带息应付票据

采分点 13： 在我国，企业的非流动负债主要包括向银行或其他金融机构借入的长期借款、发行的企业债券（或称公司债券）即应付债券、<u>融资租赁方式下的租赁固定资产的应付款</u>及补偿贸易引进设备的应付款等长期应付款。

　　——**易混淆点：** 企业采购的原材料已经到货，在货款尚未支付前所形成的待结算应付款项；银行和其他金融机构借入的短期借款

采分点 14： 企业应对各种非流动负债分别加以核算，并在<u>资产负债表</u>上分项列示。

　　——**易混淆点：** 利润表；现金流量表；利润分配表

采分点 15： 按照权责发生制原则的要求，长期借款的利息费用等应按期预提计入所购建资产的成本（即予以资本化）或直接计入当期<u>财务费用</u>。

　　——**易混淆点：** 管理费用；经营费用

采分点 16： 企业筹集长期资金的一种重要方式是<u>应付债券</u>。

　　——**易混淆点：** 长期应付款；专项应付款

采分点 17： 当债券的票面利率<u>高于</u>银行利率，企业按超过债券票面价值的价格发行，称为溢价发行。

　　——**易混淆点：** 低于；等于

采分点 18： 某施工企业发行债券的票面利率为 12%，发行时市场利率为 8%，为协调购销双方利益，则企业应采用<u>溢价</u>发行价格。（2007 年考试涉及）

　　——**易混淆点：** 折价；平价；减价

【分析过程】①平价：当票面利率等于市场利率时，以债券的票面金额为发行价格；②溢价：当票面利率高于市场利率时，以高于债券票面金额为发行价格；③折价：当票面利率低于市场利率时，以低于债券票面金额为发行价格。实际上可以理解为债券发行后支付利息是按照票面利率计算，这样的话，当票面利

率高于发行时的市场利率时，债券就会供不应求，发行者当然会提高价格溢价发行。反之，就得折价发行。

采分点 19：长期应付款是指企业除长期借款和应付债券以外的其他各种长期应付款，包括<u>应付融资租入固定资产的租赁费</u>、采用补偿贸易方式引进国外设备价款等。

   ——**易混淆点**：向银行或其他金融机构借入的长期借款；补偿贸易引进设备的应付款

采分点 20：企业会计制度规定，企业收到的专项拨款作为专项应付款处理，待拨款项目完成后，属于应当核销的部分，冲减专项应付款，其余部分转入<u>资本公积</u>。

   ——**易混淆点**：当期损益；盈余公积；实收资本

采分点 21："债权人做出让步"，是指债权人同意发生财务困难的债务人现在或者将来以<u>低于</u>重组债务账面价值的金额或者价值偿还债务。

   ——**易混淆点**：高于；等于

采分点 22：某企业向银行借入 500 万元，期限为 5 年的款项，借款年利率为 8%，每半年计息一次，按复利计算，到期一次还本付息，这笔款项属于企业的<u>长期借款</u>。

   ——**易混淆点**：长期应付款项；流动负债；专项应付款

采分点 23：债务人用于偿债的非现金资产主要包括：存货、短期投资、<u>固定资产</u>、长期投资、无形资产等。

   ——**易混淆点**：流动资产

采分点 24：债务人以非现金资产清偿债务时，债务人应将重组债务的账面价值与转让的非现金资产公允价值之间的差额，计入<u>当期损益</u>。（2009 年考试涉及）

   ——**易混淆点**：资本公积；盈余公积；股本（或实收资本）

采分点 25：债务重组的方式包括：以资产清偿债务、债务转为资本、修改其他债务条件、<u>混合重组方式</u>等。

   ——**易混淆点**：负债的方式

第 13 章

所有者权益的核算（1Z102040）

【重点提示】

1Z102041　掌握所有者权益的来源

1Z102042　掌握企业组织形式与实收资本

1Z102043　熟悉资本公积的形成及用途

1Z102044　了解留存收益的性质及构成

【采分点精粹】

采分点 1：所有者权益包括实收资本、资本公积、盈余公积和未分配利润，分别来源于所有者投入的资本、直接计入所有者权益的利得和损失以及<u>留存收益</u>。

　　　　——**易混淆点**：借入的款项

采分点 2：一般而言，<u>实收资本和资本公积</u>是由所有者直接投入的，盈余公积和未分配利润则是由企业在生产经营过程中所实现的利润留存在企业所形成的。（2009 年考试涉及）

　　　　——**易混淆点**：盈余公积和未分配利润

采分点 3：实收资本是指投资者按照企业章程，或合同、协议的约定，实际投入企业的资本，包括货币资金、实物、<u>无形资产</u>等。

　　　　——**易混淆点**：流动资产；固定资产

采分点 4：企业生产经营资金的主要来源之一，也是各种企业组织形式存在的前提是<u>实收</u>

资本。

——**易混淆点：** 资本公积；盈余公积；未分配利润

采分点 5： 企业进行会计核算时，就不应将投入资本超过注册资本的部分作为实收资本核算，而应单独核算，计入资本公积。

——**易混淆点：** 盈余公积；未分配利润；实收资本

采分点 6： 企业筹集的资本金，按照投资主体分为国家资本金、法人资本金、个人资本金、外商资本金等。（2007 年考试涉及）

——**易混淆点：** 接收现金捐赠；股票溢价

采分点 7： 在上市企业中，由国家资本金、法人资本金和个人资本金形成的股份都为国内投资主体所拥有，简称 A 股。

——**易混淆点：** B；H

采分点 8： 某施工企业于 2006 年 9 月 1 日收到投资人投入的原材料一批，合同约定该批材料的价值为 300 万元，则这批材料应作为企业的实收资本处理。（2007 年考试涉及）

——**易混淆点：** 资本公积；盈余公积；未分配利润

【分析过程】实收资本是指投资者按照企业章程，或合同、协议的约定，实际投入企业的资本。资本公积是指由企业投资人、捐赠人投入或从其他来源取得的由所有者享有但不属于企业注册资金范围内的资本。留存收益包括盈余公积和未分配利润，是指企业从历年实现的利润中提取或形成的留存于企业的内部积累。

采分点 9： 由个人出资者设立的企业称为独资企业。

——**易混淆点：** 合伙企业；股份有限公司；有限责任公司

采分点 10： 根据企业法和公司法相关规定，所有者对企业或公司的债务承担无限连带责任的是合伙企业。

——**易混淆点：** 有限责任公司；股份有限公司；国有独资公司

采分点 11： 根据《中华人民共和国公司法》（简称《公司法》）规定，公司是指依照本法在中国境内设立的有限责任公司和股份有限公司，公司的设立必须由<u>两个以上</u>的投资人组成。

——**易混淆点：**三；五

采分点 12： 根据企业法和公司法相关规定，有限责任公司的股东人数应该是<u>2 人以上 200 人以下</u>。

——**易混淆点：**3 人以上 100 人以下；5 人以上 200 人以下

采分点 13： 在企业增资扩股时，新介入投资者缴纳的出资额大于按约定比例计算的其在注册资本中所占的份额部分，不作为实收资本，而作为<u>资本公积</u>。

——**易混淆点：**盈余公积；未分配利润

采分点 14： 根据企业法和公司法相关规定，股份有限公司的股东人数必须达到<u>5 人以上</u>。

——**易混淆点：**2 人以上 200 人以下；2 人以上

采分点 15： 根据我国《公司法》的规定，在国有独资公司中，所有者投入的资本全部作为<u>实收资本</u>入账。

——**易混淆点：**资本公积；盈余公积；未分配利润

采分点 16： 国有独资公司不发行股票，不会产生股票溢价发行收入，也不会在追加投资时，为维持一定的投资比例而产生<u>资本公积</u>。

——**易混淆点：**盈余公积；未分配利润

采分点 17： 某有限责任公司原有甲、乙、丙三位投资者，各自出资 200 万元，设立时实收资本 600 万元。有丁投资者有意加入该公司，并出资 450 万元而仅占公司 25% 的股份。根据会计准则及相关规定，丁投资者投入的 450 万元中，属于实收资本的是 <u>200 万元</u>。

——**易混淆点：**300；450

【分析过程】丁投资者投入的 450 万元中有 200 万元应计入实收资本中，数额与其他三位投资人一样。

采分点 18：某有限公司原设立时实收资本为 800 万元，后增加一位投资者加入该公司，该
投资者愿意出资占公司 20% 的股份。根据会计准则及相关规定，该投资者加入
后，有限公司的注册资本为 <u>1000</u> 万元。

——**易混淆点**：860；900

【计算过程】新投资者加入后，公司注册资本金＝800/（1－20%）＝1000 万元。

采分点 19：资本公积是指企业收到投资者超出其在企业注册资本（或股本）中所占份额的
投资，以及直接计入所有者权益的利得和损失等，具体包括资本溢价、<u>股本溢
价</u>等。

——**易混淆点**：外币资本折算差额

采分点 20：资本溢价是指企业在筹集资金的过程中，<u>企业投资者投入的资金超过其在注册
资本中所占份额</u>的部分。（2009 年考试涉及）

——**易混淆点**：超出企业其他投资人投入的资金；高于其评估价值；高于其账
面价值

采分点 21：当企业重组并有新的投资者加入时，为了维护原投资者的利益，新加入的投资
者投入的资本就不一定全部都能作为实收资本处理，其投入资本超过作为实收
资本处理的部分就会形成<u>资本公积</u>。

——**易混淆点**：盈余公积；未分配利润；实收资本

采分点 22：某施工企业溢价发行股票时，所取得的股票发行收入超过股票价值 1000 万元，
该项收入属于企业的<u>资本公积</u>。（2007 年考试涉及）

——**易混淆点**：实收资本；盈余公积；未分配利润

【分析过程】资本公积的构成中股本溢价是指股份有限公司按溢价发行股票时，
公司所取得的股票发行收入超过股票面值的数额。

采分点 23：股份有限公司溢价发行股票筹集的资金超过股票面值的溢价收入应<u>计入资本公
积</u>。（2009 年考试涉及）

——**易混淆点**：增加为注册资本；作为利得；计入盈余公积

采分点 24：某有限公司新设立时，注册资本金为 1000 万元，但各股东实际投入资金为 1250 万元，根据会计准则及相关规定，该公司资本公积为 250 万元。

——**易混淆点**：200；300

【计算过程】股东共投入 1250 万元，其中 1000 万计入实收资本，剩余 250 万元计入资本公积。

采分点 25：某有限公司经过 5 年经营后，吸收新投资者加入该公司，新投资者出资 500 万元，但仅有 200 万元为实收资本，其余 300 万元作为资本。根据会计准则及相关规定，该公司新增的资本公积属于资本溢价。

——**易混淆点**：股本溢价；股权投资准备；拨款转入

【分析过程】企业新增的资本公积是投资人投入的资金超过其在注册资本中所占份额的部分，属于资本溢价。

采分点 26：留存收益的目的是保证企业实现的净利润有一部分留存在企业，一方面可以满足企业维持或扩大生产经营活动的资金需要；另一方面也可以保证企业有足够的资金弥补以后年度可能出现的亏损，有足够的资金用于偿还债务。

——**易混淆点**：未分配利润；本年利润；营业利润

采分点 27：股东权益的一个重要项目是留存收益，它是公司历年剩余的净收益累积而成的资本。

——**易混淆点**：资本溢价；股本溢价

采分点 28：盈余公积的内容包括法定盈余公积和任意盈余公积。

——**易混淆点**：资本公积；未分配利润；资本溢价

采分点 29：法定盈余公积是指企业按照规定的比例从净利润中提取的盈余公积，它的提取比例一般为净利润的 10%。

——**易混淆点**：20%；30%

采分点 30：当法定盈余公积累计金额达到企业注册资本的50%以上时，可以不再提取。

———**易混淆点**：30%；40%

采分点 31：法定盈余公积对于非公司制企业而言，也可以按照超过净利润10%的比例提取。

———**易混淆点**：20%；30%

采分点 32：根据会计准则及相关规定，盈余公积的主要用途包括弥补亏损、转增资本、发放现金股利或利润。

———**易混淆点**：技术改造；职工集体福利设施

采分点 33：根据会计准则及相关规定，弥补亏损的渠道主要有：用以后年度税前利润弥补；用以后年度的税后利润弥补；以盈余公积弥补。

———**易混淆点**：用资本公积弥补；用注册资本弥补

采分点 34：盈余公积转增资本时，转增后留存的盈余公积的数额不得少于注册资本的25%。

———**易混淆点**：35%；45%

采分点 35：按照现在制度规定，企业发生亏损时，可以用以后五年内实现的税前利润弥补。

———**易混淆点**：二；三

采分点 36：某企业 2009 年度实现净利润 200 万元。根据企业会计准则和相关规定，该企业应提取的法定盈余公积金为20万元。

———**易混淆点**：5；10

【计算过程】法定盈余公积金的比例为 10%。应提取的法定盈余公积＝200 万元×10%＝20 万元。

采分点 37：某公司 2009 年度实现净利润 100 万元，该公司股东会决定按 10%的比例提取任意盈余公积金，根据企业会计准则及相关规定，则该公司提取的全部盈余公积金为20万元。

———**易混淆点**：10；25

【计算过程】提取的全部盈余公积金＝100万元×（10%＋10%）＝20万元。

采分点38：某工程公司2010年度实现净利润500万元，根据企业会计准则及相关规定，当法定盈余公积金累计金额达到企业注册资本的一定比例以上时，可以不再提取，这个比例是50%。（2010年考试涉及）

——**易混淆点**：25%；30%

【分析过程】当法定盈余公积金累计金额达到注册资本50%以上时，可以不再提取。

采分点39：某监理公司2009年度实现净利润300万元，如果本年度分给股东利润30万元，且按10%提取任意盈余公积金，根据企业会计准则及相关规定，则该公司2009年度未分配利润是210万元。

——**易混淆点**：185；215

【计算过程】未分配利润＝净利润－法定盈余公积－任意盈余公积－分配股利＝300－30－30－30＝210万元。

采分点40：某有限公司原有甲、乙两位投资者，各自出资500万元，设立时实收资本1000万元，数年后有丙投资者有意加入该公司，并表示愿意出资800万元而仅占公司1/3的股份。根据企业会计准则及相关规定，吸收丙投资后，该有限公司注册资本为1500万元。

——**易混淆点**：500；1000

【分析过程】如果丁要占1/3的股权，就是所投入的注册资本与其他两人相同，因此吸收投资后，公司注册资本为1500万元。

第 14 章

成本与费用的核算（1Z102050）

【重点提示】

1Z102051 掌握费用与成本的联系与区别
1Z102052 掌握工程成本的核算
1Z102053 掌握期间费用的核算

【采分点精粹】

采分点 1：费用是针对一定的 <u>期间</u> 而言的。（2004 年考试涉及）

——**易混淆点**：成本核算对象

采分点 2：费用具有的基本特征包括：费用最终会导致企业资产的减少或负债的 <u>增加</u>；费用最终会减少企业的所有者权益。

——**易混淆点**：减少

采分点 3：一般而言，企业的所有者权益会随着收入的增加而增加，相反，费用的增加会<u>减少</u>企业的所有者权益。

——**易混淆点**：增加

采分点 4：费用按经济用途可分为生产成本和期间费用两类，生产成本的费用又可以分为<u>直接费用和间接费用</u>。

——**易混淆点**：管理费用和财务费用；管理费用和营业费用

采分点 5：施工企业的直接费用是指为完成工程所发生的、可以直接计入工程成本核算对象的各项费用支出，主要是施工过程中耗费的构成工程实体或有助于工程形成的各项支出，包括人工费、<u>材料费</u>、机械使用费和其他直接费。（2004 年考试涉及）

  ——**易混淆点**：管理费；营业费；财务费

采分点 6：期间费用是指企业当期发生的、与具体产品或工程没有直接联系，必须从当期收入中得到补偿的费用，它的发生仅与当期实现的收入相关，应当<u>直接计入当期损益</u>。（2004 年考试涉及）

  ——**易混淆点**：通过分配计入当期损益；直接计入工程成本核算对象；由几项工程共同负担，分配计入工程成本核算对象

采分点 7：期间费用主要包括管理费用、<u>财务费用</u>和营业费用。

  ——**易混淆点**：固定费用；变动费用

采分点 8：费用的确认应遵循的标准包括：<u>按费用与收入的直接联系（或称因果关系）加以确认</u>；直接作为当期费用确认；按系统、合理的分摊方式确认。

  ——**易混淆点**：按收付实现制原则确认；按划分收益性支出与资本性支出的原则确认

采分点 9：《企业会计准则》规定，企业发生的支出不产生经济利益的，或者即使能够产生经济利益但不符合或者不再符合资产确认条件的，应当在发生时确认为费用，<u>计入当期损益</u>。

  ——**易混淆点**：未分配利润；资本公积；盈余公积

采分点 10：根据《企业会计准则第 15 号——建造合同》，<u>工程成本</u>包括从建造合同签订开始至合同完成止所发生的、与执行合同有关的直接费用和间接费用。（2007 年考试涉及）

  ——**易混淆点**：机械作业；预提费用；辅助生产

采分点 11： 因订立合同而发生的有关费用，应当直接计入<u>当期损益</u>。

　　　　——**易混淆点：** 未分配利润；资本公积；盈余公积

采分点 12： 人工费用包括企业从事建筑安装工程施工人员的工资、奖金、<u>职工福利费</u>、工资性质的津贴、劳动保护费等。

　　　　——**易混淆点：** 二次搬运费；检验试验费

采分点 13： 其他直接费用包括施工过程中发生的材料二次搬运费、临时设施摊销费、生产工具用具使用费、检验试验费、<u>工程定位复测费</u>、工程点交费、场地清理费等。（2009 年考试涉及）

　　　　——**易混淆点：** 施工机械安装、拆卸和进出场费

采分点 14： 施工企业在核算产品成本时，就是按照<u>成本项目</u>来归集企业在施工生产经营过程中所发生的应计入成本核算对象的各项费用。

　　　　——**易混淆点：** 制造费用；生产成本；材料费用

采分点 15： 施工企业一般应按照与施工图预算相适应的原则，以每一独立签订建造（施工）合同的单位工程为依据，并结合企业施工组织的特点和加强工程成本管理的要求，来确定<u>工程成本核算对象</u>。

　　　　——**易混淆点：** 建造合同成本；生产成本；成本项目

采分点 16： 企业本月购入小汽车一辆，按照现行企业财务制度及相关规定，该汽车的购置费用属于企业的<u>资本性支出</u>。（2004 年考试涉及）

　　　　——**易混淆点：** 投资性；营业外；期间费用

【分析过程】投资性支出一般是对外投资支出而得到被投资方分配的利润。期间费用的支出包括管理费用、财务费用以及营业费用发生后直接计入当期损益。营业外支出是生产经营活动没有直接关系的支出，也是直接计入当期损益。而资本性支出是指购建固定资产、无形资产或其他长期资产的支出。其效益要涉及若干个会计年度，不能一次计入当期成本费用。

采分点 17： 某施工企业处理一台提前报废的固定资产时，发生净损失 5000 元，这笔费用

在会计处理上应列入营业外支出。

——**易混淆点**：列入管理费用；补提折旧；列入财务费用

【分析过程】提前报废固定资产的损失支出和正常的生产经营活动没有直接联系，这类支出属于营业外的活动，所以其发生的支出属于营业外支出。

采分点18：施工企业成本核算的基础工作主要包括：建立、健全原始记录制度；建立、健全各项财产物资的收发、领退、清查和盘点制度；制定或修订企业定额；加强费用开支的审核和控制制度；建立工程项目台账。

——**易混淆点**：定期进行工程费用结算

采分点19：施工企业一般应按工程成本核算对象设置工程成本明细账（卡），用来归集各项工程所发生的施工费用。

——**易混淆点**：待摊费用明细账；机械作业明细账；辅助生产明细账

采分点20：施工企业工程成本的核算步骤主要包括：①分配各项施工生产费用。②分配待摊费用和预提费用。③分配辅助生产费用。④分配机械作业。⑤分配工程施工间接费用。⑥结算工程价款。⑦确认合同毛利。⑧结转完工施工产品成本。

——**易混淆点**：分配工程施工直接费用

采分点21：企业管理部门及职工方面的费用中，工会经费按职工工资总额的2%计提。

——**易混淆点**：3%；5%

采分点22：在会计核算中，施工企业为组织和管理施工活动而发生的管理人员工资及福利费属于期间费用。（2005年考试涉及）

——**易混淆点**：直接费用；间接费用；人工费

采分点23：在会计核算中，管理费用是期间费用的一种，发生后直接计入当期损益，不计入当期成本。（2006年考试涉及）

——**易混淆点**：可通过分配计入当期成本；可分配计入当期损益；可直接计入当期成本

采分点 24：某施工企业在联系业务的过程中发生了 10000 元的应酬费，即业务招待费，该项费用应当计入<u>管理费用</u>。（2009 年考试涉及）

　　——**易混淆点：**工程成本；财务费用；营业费用

【分析过程】管理费用是指企业为管理和组织企业生产经营活动而发生的各项费用。具体包括的内容有：①企业管理部门及职工方面的费用，包括公司经费、工会经费、职工教育经费、劳动保险费、待业保险费；②企业直接管理之外的费用，包括董事会费、咨询费、聘请中介机构费、税金、诉讼费；③提供生产技术条件的费用，包括排污费、绿化费、技术转让费、研究与开发费、无形资产摊销、长期待摊费用；④购销业务的应酬费，主要是业务招待费，是指企业为业务经营的合理需要而支付的费用，应据实列入管理费用。

采分点 25：财务费用是指企业为筹集生产所需资金，而发生的费用，包括应当作为期间费用的<u>利息支出</u>（减利息收入）、汇兑损失（减汇兑收益）、相关的手续费以及企业发生的现金折扣或收到的现金折扣等内容。（2007 年考试涉及）

　　——**易混淆点：**应付债券；储备基金；盈余公积

第 **15** 章

收入的核算（1Z102060）

【重点提示】

1Z102061　掌握收入的分类及确认原则
1Z102062　掌握建造（施工）合同收入的核算

【采分点精粹】

采分点 1： 收入是指企业在日常活动中形成的、会导致所有者权益增加的、与所有者投入
资本无关的经济利益的总流入，可能表现为<u>企业资产的增加</u>、企业负债的减少
以及负债的减少和资产的增加同时存在。

　　——**易混淆点：** 企业资产的减少；企业负债的增加

采分点 2： 收入可以有不同的分类，按收入的性质，可以分为销售商品收入、<u>提供劳务收
入</u>、让渡资产使用权收入和建造（施工）合同收入等。

　　——**易混淆点：** 主营业务收入

采分点 3： 金融企业发放贷款取得的收入属于<u>让渡资产使用权收入</u>。

　　——**易混淆点：** 销售商品收入；建造合同收入；提供劳务收入

采分点 4： 收入按企业营业的主次分类，可以分为主营业务收入和其他业务收入，其中其
他业务收入包括材料销售收入、<u>机械销售收入</u>、无形资产出租收入和固定资产
出租收入。（2010 年、2004 年考试涉及）

——**易混淆点**：施工承包合同收入

采分点 5：在销售商品的交易中，与交易相关的经济利益主要表现为<u>销售商品</u>的价款。

　　——**易混淆点**：代购代销

采分点 6：企业在资产负债表日提供劳务交易的结果能够可靠估计的，应当采用<u>完工百分</u><u>比法</u>确认提供劳务收入。

　　——**易混淆点**：工程计划进度法；工程实际进度法；工程形象进度法

采分点 7：根据会计准则，提供劳务的交易结果能否可靠估计的判断条件是：收入的金额能够可靠地计量；<u>相关的经济利益很可能流入企业</u>；交易的完工进度能够可靠地确定；交易中已发生和将发生的成本能够可靠地计量。

　　——**易混淆点**：已经提供的劳务占应提供劳务总量的比例；已经发生的成本占估计总成本的比例

采分点 8：某施工企业对外跨年度提供劳务，企业在资产负债表日预计已经发生的劳务成本能够得到补偿，此时在会计处理上，应按<u>已经发生的劳务成本金额</u>确认收入。（2007 年、2006 年、2005 年考试涉及）

　　——**易混淆点**：合同规定的劳务收入金额；估计可能得到的劳务收入金额；社会平均的劳务成本金额

采分点 9：利息收入和使用费收入的确认原则是：<u>与交易相关的经济利益很可能流入企业</u>；收入的确认能够可靠地计量。

　　——**易混淆点**：权责发生制原则；实质重于形式原则；重要性原则

采分点 10：建造（施工）合同是指建造一项或数项在设计、技术、<u>功能</u>、最终用途等方面密切相关的资产而订立的合同。

　　——**易混淆点**：质量

采分点 11：建造合同中有关合同分立与合同合并，实际上是确定建造合同的<u>会计核算对象</u>，一组建造合同是合并为一项合同进行会计处理，还是分立为多项合同分别进行会计处理，对建造承包商的报告损益将产生重大影响。

——**易混淆点**：收入；成本；风险

采分点 12：在会计核算中，将一项包括建造多项资产的施工合同中的每项资产分立为单项合同处理，需要具备的条件有：<u>每项资产均有独立的建造计划</u>；建造承包商与客户就每项资产单独进行谈判，双方能够接受或拒绝与每项资产有关的合同条款；每项资产的收入和成本可以单独辨认。（2006 年考试涉及）

——**易混淆点**：每项资产能够在一个会计年度完成并能确认收入；各单项合同的结果能够可靠地估计

采分点 13：为建造一项或数项资产而签订一组合同，这一组合同无论对应单个客户还是几个客户，在同时具备一些条件的情况下，应合并为单项合同处理，这些条件包括：<u>该组合同按一揽子交易签订</u>；该组合同密切相关，每项合同实际上已构成一项综合利润率工程的组成部分；该组合同同时或依次履行。（2005 年考试涉及）

——**易混淆点**：该组合同总收入能够可靠地计量；与合同相关的经济利益能够流入企业

采分点 14：建造（施工）合同收入包括<u>初始收入</u>和因合同变更、索赔、奖励等形成的收入。

——**易混淆点**：附加收入

采分点 15：固定造价合同的结果能够可靠地估计，应同时具备的条件包括：合同总收入能够可靠地计量；<u>与合同相关的经济利益能够流入企业</u>；为完成合同已经发生的合同成本能够清楚地区分和可靠地计量，以便实际合同成本能够与以前的预计成本相比较；在资产负债表日合同完工进度和为完成合同尚需发生的成本能够可靠地确定。

——**易混淆点**：实际发生的合同成本能够清楚地区分并且能够可靠地计量；已经完成的合同工作量占合同预计总工作量的比例

采分点 16：当期完成的建造（施工）合同，应当在<u>完成时确认合同收入</u>。

——**易混淆点**：合同规定工期满时确认；完成后确认合同收入；完成前确认合同收入

采分点 17： 某工程合同总收入 8000 万元，本期末累计完成工程进度 80%，上年完成工程进度 30%，本期实际收到工程款 3000 万元，按完工百分比法计算当期的合同收入是 <u>4000</u> 万元。（2004 年考试涉及）

　　——**易混淆点：**3000；5000

　　【计算过程】8000×80%－8000×30%＝4000 万元。

采分点 18： 某承包商于 2007 年 11 月 1 日签订了一项施工承包合同，合同工期为 18 个月，合同结果能可靠地估计。合同总造价 5000 万元，2007 年底已确认合同收入 300 万元，2008 年 12 月 31 日工程完成程度为 80%，2008 年累计收到工程款 3300 万元，则 2008 年应确认合同收入 <u>3700</u> 万元。（2010 年、2009 年考试涉及）

　　——**易混淆点：**3300；4000

　　【计算过程】当期确认的合同收入＝（合同总收入×完工进度）－以前会计期间累计已确认的收入，即 2008 年应确认合同收入＝5000×80%－300＝3700 万元。

采分点 19： 某跨年度工程，施工合同总收入为 10000 万元，合同预计总成本为 8500 万元，以前年度累计已确认的毛利为 600 万元，当期期末累计完工进度为 80%，当期确认的合同毛利为 <u>600</u> 万元。（2004 年考试涉及）

　　——**易混淆点：**500；800

　　【计算过程】当期确认的合同毛利＝（10000－8500）×80%－600＝600 万元。

采分点 20： 如果建造（施工）合同的结果不能可靠地估计，应当区别处理的情况包括：合同成本能够收回的，合同收入根据能够收回的 <u>实际合同成本</u> 加以确认，合同成本在其发生的当期作为费用；合同成本不能收回的，应当在发生时立即作为费用，不确认收入。（2010 年考试涉及）

　　——**易混淆点：**全部成本；合同初使收入

第 16 章

利润的核算（1Z102070）

【重点提示】

1Z102071　掌握利润的计算
1Z102072　掌握所得税费用的确认
1Z102073　了解利润分配的核算

【采分点精粹】

采分点 1：利润是企业在一定会计期间的经营成果，包括收入减去费用后的净额、直接计入当期利润的利得和损失等。其中直接计入当期利润的利得和损失，是指应当计入当期损益、会导致所有者权益发生增减变动的、与所有者投入资本或者向所有者分配利润无关的利得或损失。

——**易混淆点：**资本公积；盈余公积；未分配利润

采分点 2：企业利润的主要来源是营业利润。

——**易混淆点：**利润总额；净利润

采分点 3：营业利润计算中的营业税金及附加是指企业经营活动发生的营业税、消费税、城市维护建设税、资源税、教育费附加等。

——**易混淆点：**土地增值税

采分点 4：投资收益是指企业对外投资取得的投资收益减去投资损失后的净额，即投资净收益，主要包括对外投资享有的利润、股利、债券利息、投资到期收回或中途

转让取得款项高于账面价值的差额，以及按照<u>权益法</u>核算的股权投资在被投资
单位增加的净资产中所拥有的数额等。

——**易混淆点**：成本法；核算法

采分点 5：营业外收入是指企业发生的与其生产经营活动无直接关系的各项收入和各项支
出，主要包括固定资产盘盈、<u>处置固定资产净收益</u>、处置无形资产净收益、罚
款净收入等。

——**易混淆点**：销售商品收入

采分点 6：营业外支出包括固定资产盘亏、<u>处置固定资产净损失</u>、处置无形资产净损失、
债务重组损失、罚款支出、捐赠支出、非常损失等。

——**易混淆点**：固定资产盘盈

采分点 7：某施工企业当期实际营业利润 2000 万元，其他业务利润 1000 万元，投资收益
200 万元，营业外收入 50 万元，营业外支出 60 万元，则该企业的利润总额为
<u>2190</u> 万元。（2006 年考试涉及）

——**易混淆点**：2160；2300

【计算过程】利润总额＝营业利润＋营业外收入－营业外支出＝2000＋200＋
50－60＝2190 万元。

采分点 8：根据我国《企业会计准则》规定，利润总额的计算公式为：<u>利润总额 = 营业利
润 + 营业外收入－营业外支出</u>。（2010 年考试涉及）

——**易混淆点**：利润总额 = 主营业务利润 + 投资收益 + 营业外收入－营业外支
出；利润总额 = 营业利润－管理费用－财务费用；利润总额 =
营业收入－营业成本 + 营业外收入－营业外支出

采分点 9：某施工企业 2009 年利润计算有关数据如下：结算收入 25000 万元；工程结算成
本 20000 万元，工程结算税金及附加 800 万元；产品销售、机械作业销售、材
料销售、无形资产和固定资产出租收入 3000 万元；其他作业成本 2000 万元，
其他业务应负担税金 60 万元；资产减值损失 120 万元；公允价值变动收益 200
万元；管理费用 1000 万元；财务费用 1600 万元，投资收益 1400 万元。该公司
营业利润为 <u>4020</u> 万元。

——**易混淆点**：4300；4450

【计算过程】营业利润＝工程结算收入－工程结算成本－工程结算税金及附加＋其他收入－其他成本－其他业务应负担税金－管理费用－财务费用＋公允价值变动收益－资产减值损失＋投资收益＝25000－20000－800＋3000－2000－60－1000－1600＋200－120＋1400＝4020万元。

采分点10： 某工程咨询企业2009年的营业利润为502万元，该企业本年营业外收入30万元，营业外支出20万元，该企业利润总额是<u>512</u>万元。

——**易混淆点**：520；525

【计算过程】利润总额＝营业利润＋营业外收入－营业外支出＝502＋30－20＝512万元。

采分点11： 某施工企业2009年利润总额为4030万元，该企业所得税费用为530万元，净利润是<u>3500</u>万元。

——**易混淆点**：3600；5000

【计算过程】净利润＝利润总额－所得税费用＝4030－530＝3500万元。

采分点12： 某施工企业本年发生主营业务收入1500万元，主营业务成本1200万元，主营业务税金及附加96万元，其他业务收入50万元，管理费用30万元，营业外收入4万元，营业外支出8万元，所得税按33%计算，其净利润应为<u>147.4</u>万元。（2005年考试涉及）

——**易混淆点**：127.3；137.5

【计算过程】净利润＝利润总额－所得税费用＝（1500－1200－96＋50－30＋4－8）×（1－33%）＝147.4万元。

采分点13： 某施工企业当期实现的主营业务收入为10000万元，主营业务成本为8000万元，主营业务税金及附加为960万元，其他业务利润为2000万元，管理费用和财务费用总计为1200万元，则该企业当期营业利润为<u>1840</u>万元。（2007年考试涉及）

——**易混淆点**：1300；1500

【计算过程】营业利润＝营业收入－营业成本－营业税金及附加－管理费用－财务费用－资产减值损失＋公允价值变动收益（损失为负）＋投资收益（损失

为负）＝10000－8000－960＋2000－1200＝1840 万元。

采分点 14： 2006 年财政部颁布的《企业会计准则第 18 号——所得税》规定，企业采用债务法中的<u>资产负债表债务法</u>对所得税进行会计处理。（2009 年考试涉及）

　　——**易混淆点：** 利润表债务法；应付税款法；递延法

采分点 15： 某企业持有一项投资性房地产，账面价值为 800 万元，资产负债表日公允价值是 1000 万元，如果计税基础仍维持 800 万元不变，则应纳税暂时性差异为 <u>200</u>万元。

　　——**易混淆点：** 300；500

【分析过程】资产的账面价值＞计税基础时，存在应纳税暂时性差异。

采分点 16： 某企业持有一项投资性房地产，账面价值 100 万元，资产负债表日公允价值为 150 万元，如果计税基础以维持 100 万元不变，假定企业适用 33%所得税率，递延所得税资产和递延所得税负债无期初余额，已知负债产生 10 万元可抵扣暂时性差异，则是递延所得税费用为 <u>13.2</u> 万元。

　　——**易混淆点：** 12.8；14.3

【计算过程】应纳税暂时性差异＝资产账面价值－计税基础＝150－100＝50 万元；递延所得税负债＝应纳税暂时性差异×所得税适用税率＝50×33%＝16.5 万元；递延所得税资产＝可抵扣暂时性差异×所得税适用税率＝10×33%＝3.3 万元；递延所得税费用＝递延所得税负债－递延所得税资产＝16.5－3.3＝13.2 万元。

采分点 17： 某企业持有一项投资性房地产，账面价值为 800 万元，资产负债表日公允价值是 500 万元，如果计税基础仍维持 800 万元不变，则可抵扣暂时性差异为 <u>300</u> 万元。

　　——**易混淆点：** 200；500

【计算过程】可抵扣暂时性差异＝计税基础－资产账面价值＝800－500＝300 万元。

采分点 18： 按照税法的规定，企业发生的年度亏损，可以用下一纳税年度所得税前的利润弥补；下一纳税年度的所得不足弥补的，可以逐年延续弥补，延续弥补最长不

得超过 <u>5</u> 年，5 年后用税后利润弥补。

——**易混淆点**：10；15

采分点 19：法定盈余公积的提取比例，一般为当年实现<u>净利润的 10%</u>，但以前年度累积的法定盈余公积达到注册资本的 50%时，可以不再提取。

——**易混淆点**：总利润的 10%；净利润的 50%

采分点 20：企业对当期可供分配的利润，应首先提取<u>法定盈余公积金</u>。（2004 年考试涉及）

——**易混淆点**：普通股股利；优先股股利；资本公积

采分点 21：可供投资者分配的利润，其分配的项目包括应付优先股股利、<u>应付普通股股利</u>、转作资本（或股本）的普通股股利。

——**易混淆点**：提取法定盈余公积金

第 17 章

企业的财务报表列报（1Z102080）

【重点提示】

1Z102081 掌握财务报表列报的内容及分类

1Z102082 掌握资产负债表的作用及结构

1Z102083 掌握利润表的作用及结构

1Z102084 掌握现金流量表的作用及结构

1Z102085 掌握所有者权益变动表的作用及结构

1Z102086 熟悉财务报表附注的作用及内容

【采分点精粹】

采分点 1： 财务报表是指对企业财务状况、经营成果和现金流量的结构性描述，是反映企业某一特定日期财务状况和某一会计期间**经营成果**、现金流量的书面文件。

　　——**易混淆点**：资产报告；负债报告

采分点 2： 财务报表列报的重要性应当根据企业所处环境，从项目的**性质和金额大小**两方面加以判断。（2010 年考试涉及）

　　——**易混淆点**：技术和质量；性质和技术

采分点 3： 根据会计准则的规定，财务报表至少应当包括资产负债表、利润表、现金流量表、所有者权益（或股东权益）变动表和附注。（2010 年考试涉及）

　　——**易混淆点**：利润分配表；材料明细表

采分点 4：根据会计准则及其相关规定，资产负债表是反映企业在某一特定日期<u>财务状况</u>的报表。（2010 年考试涉及）

——**易混淆点**：现金流量；经营成果；利润分配

采分点 5：根据会计准则及其相关规定，由于<u>资产负债表</u>反映的是某一时点的财务状况，所以它是一种静态报表。（2004 年考试涉及）

——**易混淆点**：现金流量表；利润表；财务报表

采分点 6：资产负债表按<u>月</u>报送。

——**易混淆点**：季；年

采分点 7：负债满足一定的条件后，应归类为流动负债，这些条件包括：预计在一个正常营业周期中清偿；<u>主要为交易目的而持有</u>；自资产负债表日起 1 年内到期应予以清偿；企业无权自主地将清偿推迟到资产负债表日后 1 年以上。

——**易混淆点**：主要为收益目的而持有的

采分点 8：我国会计制度规定，企业的资产负债表一般采用<u>账户式</u>，即资产负债表基本部分分为左右两方。

——**易混淆点**：报告式；多步式

采分点 9：流动资产包括的项目按照流动性大小排列依次为货币资金、<u>交易性金融资产</u>、应收及预付款项和存货等。

——**易混淆点**：固定资产；无形资产

采分点 10：甲股份有限公司 2009 年 1 月 31 日的资产负债表显示：公司流动资产总额 100 万元，非流动资产总额为 300 万元，所有者权益总额为 150 万元，根据会计准则及相关规定，公司负债总额应为 <u>250</u> 万元。

——**易混淆点**：100；300

【计算过程】资产总额＝流动资产总额＋非流动资产总额＝100＋300＝400 万元；负债总额＝资产总额－所有者权益总额＝400－150＝250 万元。

采分点 11： 某施工企业资产负债表中列明固定资产原值为 360 万元，累计折旧为 46 万元，固定资产减值准备为 4 万元，则该企业固定资产净值应为 314 万元。（2005 年考试涉及）

——**易混淆点：** 310；318

【计算过程】360－46＝314

采分点 12： 利润表是反映企业在一定会计期间的经营成果的财务报表。（2005 年考试涉及）

——**易混淆点：** 所有者权益增减变动情况；现金和现金等价物流入和流出；财务状况

采分点 13： 利润表正表的格式一般有两种：即单步式利润表和多步式利润表。（2005 年考试涉及）

——**易混淆点：** 账户式利润表和报告式利润表；单步式利润表和账户式利润表

采分点 14： 多步式利润表是通过对当期的收入、费用、支出项目按性质加以归类，按利润形成的主要环节列示一些中间性利润指标，如营业利润、利润总额、净利润，分步计算当期净损益。

——**易混淆点：** 未分配利润

采分点 15： 目前，我国采用的是多步式利润表。

——**易混淆点：** 单步式利润表；报告式利润表；账户式利润表

采分点 16： 反映企业一定会计期间现金和现金等价物流入和流出的财务报表是现金流量表，它属于动态的财务报表。

——**易混淆点：** 利润表；资产负债表；所有者权益变动表

采分点 17： 在企业财务会计中，资产负债表和利润表是以权责发生制为基础的会计报表，由于它们大量运用了应计、摊销、递延和分配程序，使得净资产和净利润信息中含有大量主观估计，同时由于它们不反映企业的现金流量情况，这在一定程度上影响了报表使用者对于企业财务状况的准确判断和预测。

——**易混淆点：** 收付实现制；重要性；配比

采分点 18：现金是指企业库存现金以及可以随时用于支付的存款，具体包括：库存现金、银行存款和其他货币资金。（2004 年考试涉及）

——**易混淆点**：通知金融企业便可提取的定期存款；不能随时支取的定期存款

采分点 19：现金等价物是短期投资，但并不是所有的短期投资都是现金等价物，现金等价物不是现金，但其支付能力与现金差别不大，可视为现金。

——**易混淆点**：待摊费用；应收及预付款项；存货

采分点 20：作为现金等价物的短期投资必须同时满足的条件包括：①期限短，3 个月到期；②流动性强；③易于转换为已知金额的现金；④价值变动风险小。

——**易混淆点**：2；6

采分点 21：经营活动流入的现金主要包括：承包工程、销售商品、提供劳务收到的现金（扣除因销货退回支付的现金）；收到的税费返还；收到的其他与经营活动有关的现金。（2006 年考试涉及）

——**易混淆点**：处置固定资产收回的现金；投资支付的现金

采分点 22：经营活动流出的现金主要包括：发包工程、购买商品、接受劳务支付的现金；支付给职工以及为职工支付的现金；支付的各项税费；支付的其他与经营活动有关的现金。

——**易混淆点**：投资所支付的现金

采分点 23：投资活动流入的现金主要包括：收回投资所收到的现金；取得投资收益所收到的现金；处置固定资产、无形资产和其他长期资产所收回的现金净额；收到的其他与投资活动有关的现金。

——**易混淆点**：吸收投资所收到的现金

采分点 24：投资活动流出的现金主要包括：购建固定资产、无形资产和其他长期资产所支付的现金；投资所支付的现金；支付的其他与投资活动有关的现金。（2009 年考试涉及）

——**易混淆点**：生产活动产生的现金流量；经营活动产生的现金流量

采分点 25：筹资活动是指导致企业资本及债务规模和构成发生变化的活动。其中资本包括实收资本和<u>资本溢价</u>。（2007 年考试涉及）

——**易混淆点**：处置固定回收的现金净额；收回投资所收到的现金；取得投资收益所收到的现金

采分点 26：筹资活动流出的现金主要包括：<u>偿还债务所支付的现金</u>；分配股利、利润或偿付利息所支付的现金；支付的其他与筹资活动有关的现金。（2006 年考试涉及）

——**易混淆点**：购建长期资产所支付的现金；投资所支付的现金；支付的各项税费

采分点 27：现金流量表由正表和补充资料两部分组成，其中正表有五项，①经营活动产生的现金流量；②投资活动产生的现金流量；③筹资活动产生的现金流量；④汇率变动对现金的影响；⑤<u>现金及等价物净增加额</u>。

——**易混淆点**：将净利润调节为经营活动产生的现金流量；不涉及现金收支的重大投资和筹资活动；现金及现金等价物净增加情况

采分点 28：所有者权益（或股东权益）变动表是反映构成所有者权益（或<u>股东权益</u>）的各组成部分当期增减变动情况的财务报表。

——**易混淆点**：资产；收入；权益

采分点 29：《企业会计准则第 30 号——财务列表列报》规定，在所有者权益报表中，由企业当期经营活动产生的损益、可以<u>直接计入所有者权益的利得和损失</u>以及与所有者有关的资本交易引起的所有者权益的变化，应当分别列示。

——**易混淆点**：间接记入所有者权益的利得和损失；直接记入资本公积；直接记入盈余公积

采分点 30：所有者权益（或股东权益）变动表各项目应根据实收资本、资本公积、<u>盈余公积</u>、利润分配账户的发生额分析填列。（2004 年考试涉及）

——**易混淆点**：未分配利润；长期负债

采分点 31：财务报表附注是对在资产负债表、利润表、现金流量表和<u>所有者权益变动表</u>等报表中列示项目的文字描述或明细资料，以及对未能在这些报表中列示项目的说明等。

——**易混淆点**：报价表

财务分析（1Z102090）

【重点提示】

【采分点精粹】

采分点 1：财务分析的基础是<u>会计分析</u>。

——**易混淆点：**因素分析；比率分析；综合分析

采分点 2：会计分析过程中，对会计报表进行比较的方法有<u>水平分析法</u>、<u>垂直分析法</u>和趋势分析法。（2009 年考试涉及）

——**易混淆点：**因素分析法；交叉分析法

采分点 3：比率分析法是将影响财务状况的两个相关因素联系起来，通过计算比率，反映它们之间的关系，借以评价企业财务状况和经营状况的一种财务分析方法，其分析的形式主要包括：百分率、<u>比率</u>和分数。

——**易混淆点：**指数

采分点 4：财务分析的最基本、最重要的方法是<u>比率分析法</u>。

——**易混淆点：**趋势分析法；垂直分析法；水平分析法

采分点 5：经济活动分析中最重要的方法之一，也是财务分析的方法之一的是<u>因素分析法</u>。

——**易混淆点**：比率分析法；综合分析法；会计分析法

采分点 6：财务综合分析的内容包括：筹资活动与投资活动适应情况综合分析；筹资活动、投资活动、经营活动现金流量综合分析；<u>现金流量与利润综合分析</u>；增长能力、盈利能力、营运能力、偿债能力综合分析。

——**易混淆点**：经营效果分析

采分点 7：杜邦财务分析体系的特点，是将若干反映企业盈利状况、财务状况和营运状况的比率按其内在联系有机结合起来，形成一个完整的指标体系，并最终通过<u>净资产收益率</u>（或资本收益率）这一核心指标来综合反映。（2010 年考试涉及）

——**易混淆点**：总资产报酬率；总资产周转率

采分点 8：反映企业盈利能力的指标很多，通常使用的主要有<u>净资产收益率</u>、总资产报酬率等。（2005 年考试涉及）

——**易混淆点**：资本积累率；销售增长率；资产负债率

采分点 9：据某公司期末会计报表资料：资产总计期初数 1000000 元，期末数 1200000 元；负债合计期初数 450000 无，期末数 350000 元；净利润为 200000 元，则该企业净资产收益率为 <u>28. 57%</u>。

——**易混淆点**：25.36%；26.68%

【计算过程】期初净资产＝期初总资产－期初负债＝1000000－450000＝550000 元；期末净资产＝期末总资产－期末负债＝1200000－350000＝850000 元；平均净资产＝（期初净资产＋期末净资产）/2＝（550000＋850000）/2＝700000 元；净资产收益率＝净利润/平均净利润×100%＝200000/700000×100%＝28.57%。

采分点 10：据某公司期末会计报表资料：期初总资产 1000000 元，期末总资产为 1200000 元；利润总额为 190000 元，利息支出数为 10000 元，则该公司总资产报酬率为 <u>18. 18%</u>。

——**易混淆点**：16.66%；18.21%

【计算过程】平均资产总额＝（期初资产总额＋期末资产总额）/2＝（1000000＋1200000）/2＝1100000 元；息税前利润总额＝利润总额＋利息支出＝190000＋10000＝200000 元；总资产报酬率＝息税前利润总额/平均资产总额×100%＝200000/1100000×100%＝18.18%。

采分点 11：企业运营能力的比率主要包括：总资产周转率；流动资产周转率；存货周转率；应收账款周转率等。（2004 年考试涉及）

——**易混淆点**：净资产收益率

采分点 12：据某公司期末会计报表资料：主营业务收入为 800000 元，资产总额期初 1000000 元，期末 1200000 元，则总资产周转率指标是 0.7273。

——**易混淆点**：0.7172；0.8254

【计算过程】平均资产总额＝（期初资产总额＋期末资产总额）/2＝（1000000＋1200000）/2＝1100000 元；总资产周转率（次）＝营业收入净额/平均资产总额＝800000/1100000＝0.7273。

采分点 13：某施工企业当期主营业务成本为 9000 万元，期初存货为 4000 万元，期末存货为 2000 万元，则存货周转次数为 3。（2006 年考试涉及）

——**易混淆点**：2.25；5

【计算过程】平均存货＝（期初存货＋期末存货）/2＝（4000＋2000）/2＝3000，存货周转次数＝营业成本/存货平均余额＝9000/3000＝3。

采分点 14：影响应收账款周转率正确计算的因素主要有：季节性经营的企业使用这个指标时不能反映实际情况；大量使用分期收款结算方式；大量使用现金结算的销售；年末销售大量增加或年末销售大幅度下降。

——**易混淆点**：证券买卖等非正常经营项目

采分点 15：偿债能力主要反映企业偿付到期债务的能力，企业偿债能力的比率主要包括：资产负债率；速动比率；流动比率。

——**易混淆点**：存货周转率；销售增长率

采分点 16： 某企业资产总额年末数为 1163150 元，流动负债年末数为 168150 元，长期负债年末数为 205000 元，则该企业年末的资产负债率为 <u>32.08%</u>。

      ——易混淆点： 30.05%；35.02%

      【计算过程】 资产负债率＝负债总额／资产总额；负债总额＝流动负债＋长期负债；即资产负债率＝（168150＋205000）/1163150＝32.08%。

采分点 17： 速动比率是指企业的速动资产与流动负债之间的比率关系，其中速动资产＝<u>流动资产－存货</u>。（2004 年考试涉及）

      ——易混淆点： 货币资金＋短期投资＋应收账款＋其他应收款；货币资金＋应收账款＋应收票据＋其他应收款；短期投资＋应收票据＋应收账款＋其他应收款

采分点 18： 企业发展能力的指标主要有销售（营业）增长率和<u>资本积累率</u>。

      ——易混淆点： 资产负债率；存货周转率；流动比率

第 **19** 章

筹资管理（1Z102100）

【重点提示】

【采分点精粹】

采分点 1：资金筹集费是指在资金筹集过程中支付的各项费用，包括银行的借款手续费；发行股票、债券支付的印刷费；代理发行费；律师费；公证费；广告费等。

　　——**易混淆点**：银行借款利息；股票股利

采分点 2：资金使用费是指占用资金支付的费用，包括股票的股利、银行借款利息和债券利息等。

　　——**易混淆点**：代理发行费；银行借款手续费

采分点 3：某项目贷款筹资总额 18 万元，筹资费率为 10%，贷款年利率为 9%，不考虑资金的时间价值，则该项贷款的资金成本率为 10%。（2009 年考试涉及）

　　——**易混淆点**：9%；11%

　　【计算过程】资金成本率＝资金使用费用/（筹资总额－筹资费用）＝18×9%/（18－18×10%）＝10%。

采分点 4：资金成本的概念广泛地运用于企业财务管理中，其主要作用表现在：选择资金来源、确定筹资方案的重要依据；<u>评价投资项目、决定投资取舍的重要标准</u>；评价企业经营成果的尺度。（2004年考试涉及）

——**易混淆点**：确定投资项目现金流大小的重要依据；确定投资项目风险的依据

采分点 5：资金成本受到无风险收益率和风险报酬率两方面的影响，其中无风险收益率是影响资金成本的外部客观因素，它主要受资本市场供求关系和社会<u>通货膨胀水平</u>的影响。

——**易混淆点**：投资取舍

采分点 6：风险报酬率的高低取决于<u>投资者投资的风险程度</u>。

——**易混淆点**：资本市场的条件；企业融资规模；市场供求关系

采分点 7：个别资金成本是指使用各种长期资金的成本，包括长期借款成本、债券成本、普通股成本和留存收益成本，其中<u>普通股成本和留存收益成本</u>为权益资金成本。

——**易混淆点**：债券成本和债务成本；长期借款成本和留存收益成本

采分点 8：个别资金成本计算中的普通股成本可以按照<u>股利增长模式</u>的思路计算。

——**易混淆点**：资本资产定价模式；风险溢价模式；风险管理模式

采分点 9：加权平均资金成本也称综合资金成本，是指企业以<u>个别资金成本</u>为基数，以各种来源资本占全部资本的比重为权数计算，以各种方式筹集的全部长期资金的总成本。

——**易混淆点**：加权平均资金成本；长期债券筹资；新增资金成本

采分点 10：短期负债筹资的可使用时间较短，一般不超过 <u>1年</u>。

——**易混淆点**：3个月；6个月

采分点 11：商业信用的形式主要包括应付账款、<u>应付票据</u>、预收账款等。（2010年考试涉及）

——**易混淆点**：银行信用；票据贴现贷款

采分点 12: "2/10，1/20，0/30" 表示若在信用期间内超过 <u>20</u> 天付款，则不享受折扣。(2005 年考试涉及)

  ——**易混淆点**：10; 30

  【分析过程】"2/10、1/20、n/30" 表示，信用期为 30 天，在信用期间 10 天内付款可享受 2% 的折扣，20 天内付款可享受 1% 的折扣，超过 20 天则全额付款。

采分点 13: 预收账款是一种典型的商业信用形式，一般用于<u>生产周期长、资金需要量大</u>的货物销售。

  ——**易混淆点**：生产周期短，资金需要量小; 生产周期短，资金需要量大; 生产周期长，资金需要量小

采分点 14: 应付票据是一种期票，是应付账款的书面证明，对于<u>付款方</u>而言是一种短期融资方式。

  ——**易混淆点**：销售方; 持票方; 生产方

采分点 15: 采用周转信贷协议向银行借款时，<u>企业在有效期和最高限额内，可任何时候借款</u>。(2006 年考试涉及)

  ——**易混淆点**：可以周转使用信贷资金，贷款额度不受限制; 可以周转使用信贷资金，不必偿还本金; 必须按规定的周期和固定的金额借款

采分点 16: 银行短期借款信用条件中的补偿性余额条款是指<u>借款人在银行中保持按实际借用额的一定比例计算的最低存款余额</u>。(2007 年考试涉及)

  ——**易混淆点**：借款人要对贷款限额未使用部分支付补偿费; 银行如果不能及时向借款人贷款，需要向借款人支付补偿金; 借款人如果不能按时还款，需要向银行支付补偿金

采分点 17: 银行接受抵押品后，将根据抵押品面值的一定比例决定贷款的金额，这一比例的高低，取决于<u>抵押品的变现能力和银行的风险偏好</u>。

  ——**易混淆点**：抵押品的变现能力; 银行的风险偏好; 抵押品的收益能力

采分点 18: 短期银行借款利息的支付方式包括收款法、贴现法及<u>加息法</u>。

  ——**易混淆点**：分期付息，到期一次还本; 等额分期偿还

采分点 19： 加息法是银行发放分期等额偿还贷款时采用的利息收取方法，在此方法下，企业所负担的实际利率<u>高于</u>名义利率。

    ——**易混淆点：** 低于；等于

采分点 20： 流动资产组合策略中对临时性和永久性流动资产的筹资策略包括稳健型筹资策略、<u>激进型筹资策略</u>和折中型筹资策略。

    ——**易混淆点：** 临时型筹资策略

采分点 21： 在选择流动资产组合策略时，应注意资产与债务偿还期相匹配、净营运资本应以长期资本来源来解决、<u>保留一定的资本盈余</u>。

    ——**易混淆点：** 保留一定的实收资本；净营运资本应以短期资本来源来解决

采分点 22： 长期借款中一般性保护条款应用于大多数的借款合同，但根据具体情况，内容会有所不同，主要内容包括：对借款企业流动资金保持量的规定；对支付现金股利和回购股票的限制；对资本支出规模的限制；<u>限制其他长期债务</u>等。

    ——**易混淆点：** 限制租赁固定资产的规模

采分点 23： 长期借款的利率形式主要包括固定利率、变动利率和<u>浮动利率</u>。

    ——**易混淆点：** 超额累进利率；定额利率

采分点 24： 根据我国《证券法》规定，股份有限公司的净资产额不低于人民币 <u>3000</u> 万元，有限责任公司的净资产额不低于人民币 6000 万元。

    ——**易混淆点：** 2000；5000

采分点 25： 根据我国《证券法》规定，企业通过发行债券筹资，累计债券总额不超过公司净资产额的 <u>40%</u>。

    ——**易混淆点：** 30%；50%

采分点 26： 融资租赁的租金包括租赁资产的成本、租赁资产的成本利息和<u>租赁手续费</u>。

    ——**易混淆点：** 租赁资产管理费

采分点 27：允许持有人在规定的时间内按规定的价格转换为发行公司或其他公司普通股股票的有价证券是**可转换债券**。

——**易混淆点**：认股权证；优先股；认沽权证

采分点 28：根据我国《可转换公司债券管理暂行办法》的规定，目前我国只有**上市公司和重点国有企业**具有发行可转换债券的资格，他们在通过可转换债券进行筹资时，还必须具备相应的条件。

——**易混淆点**：上市公司和有限责任公司；有限责任公司；重点国有企业

采分点 29：优先股筹资的优点包括：**优先股是公司的永久性资金**；优先股的股利标准是固定的，但支付却有一定的灵活性；优先股的发行，不会改变普通股股东对公司的控制权；发行优先股能提高公司的举债能力。

——**易混淆点**：能扩大公司实收资本

采分点 30：股份公司申请股票上市的目的主要包括：实现资本大众化，分散风险；提高股票的流动性和变现能力；**提高企业的信誉度，便于筹措新的资金**；提高公司的知名度，树立良好的公司形象；便于确定公司的价值。

——**易混淆点**：增强企业偿债能力，降低利率变动风险

采分点 31：股份有限公司公开发行的股票进入证券交易所上市交易，必须符合《证券法》规定的上市条件，具体包括：①股票经国务院证券监督管理机构核准已公开发行。②公司股本总额不少于人民币 3000 万元。③公司发行的股份达到公司股份总数的 **25%** 以上；公司股本总额超过人民币 4 亿元的公开发行的比例为 10% 以上。④公司最近 3 年无重大违法行为，财务会计报告无虚假记载。⑤证券交易所规定的其他条件。

——**易混淆点**：10%；20%

采分点 32：由发行人所发行的附有特定条件的一种有价证券，它允许持有人按某一特定价格在规定的期限内购买既定数量的标的资产，该有价证券是**认股权证**。

——**易混淆点**：可转换债券；认沽权证；优先股

第 **20** 章

流动资产财务管理（1Z102110）

【重点提示】

1Z102111　掌握现金和有价证券的财务管理
1Z102112　掌握应收账款的财务管理
1Z102113　掌握存货的财务管理

【采分点精粹】

采分点 1：现金是立即可以投入流通的交换媒介，是企业中变现能力及流动性最强的资产，具体包括：库存现金、各种形式的银行存款、**银行本票**、银行汇票等。

　　——**易混淆点**：商业汇票

采分点 2：企业现金管理的内容主要包括：目标现金持有量的确定、**现金收支日常管理**和闲置现金投资管理等。

　　——**易混淆点**：现金流动性管理；现金收益管理

采分点 3：企业在确定最佳现金持有量时，可采用的模式有**成本分析模式**、存货模式和随机模式。

　　——**易混淆点**：存货周转期模式；因素分析模式

采分点 4：企业持有现金的成本主要包括：机会成本、管理成本和**短缺成本**。

　　——**易混淆点**：财务成本；坏账成本

采分点 5：应收账款是企业的<u>流动</u>资产，应收账款增加，企业的流动资产相应增加，企业的总资产也同样增加。（2010 年考试涉及）

    ——**易混淆点**：固定；无形

采分点 6：根据国际惯例，<u>1</u> 年以上的应收账款，就存在坏账的风险。

    ——**易混淆点**：2；3

采分点 7：应收账款的成本主要包括三部分，即机会成本、<u>管理成本</u>和坏账成本。

    ——**易混淆点**：财务成本；短缺成本

采分点 8：应收账款的机会成本一般按<u>有价证券利息率</u>计算。（2009 年考试涉及）

    ——**易混淆点**：银行贷款利率；银行贴现率；坏账损失率

采分点 9：企业按规定提取的坏账准备，目的就是为了避免坏账成本影响企业生产经营活动的<u>稳定性</u>。

    ——**易混淆点**：可靠性；不确定性

采分点 10：企业在设定某一客户的信用标准时，往往要对客户进行评估，常用的 5C 评估法包括品质、能力、<u>资本</u>、抵押及条件。

    ——**易混淆点**：文化

采分点 11：信用条件是指企业要求客户支付赊销款项的条件，主要包括信用期限、<u>折扣期限</u>和现金折扣。

    ——**易混淆点**：信用折扣；偿还能力

采分点 12：某企业销售一批商品，为扩大销售采用 30 天信用销售，考虑到货款尽早收回，决定给予客户现金折扣，条件为"2/10，n/30"。该信用条件说明的含义是 <u>30日为信用期限，10 日为折扣期限，2%为现金折扣</u>。

    ——**易混淆点**：10 日为信用期限，30 日为折扣期限

采分点 13： 一般情况下，存货占企业总资产的 <u>30%</u> 左右。

——**易混淆点**：20%；50%

采分点 14： 企业储存存货，会相应地发生一定的成本支出，存货的成本主要包括取得成本、<u>储存成本</u>和缺货成本。

——**易混淆点**：管理成本；机会成本

采分点 15： 某施工企业年存货需要量 20 万吨，每次进货量 5 万吨，每次订货时发生相关费用如差旅费等变动成本 0.2 万元，发生订货的固定成本 0.4 万元，该企业订货成本是 <u>1.2</u> 万元。

——**易混淆点**：1.6；2.8

【**计算过程**】订货成本＝20÷5×0.2＋0.4＝1.2 万元。

采分点 16： 某施工企业年存货需要量 20 万吨，每次进货量 5 万吨，单位储存变动成本为 0.1 元，储存固定成本为 0.3 万元，该施工企业的存货储存成本为 <u>0.55</u> 万元。

——**易混淆点**：0.65；0.85

【**计算过程**】储存成本＝0.3＋0.1×5÷2＝0.55 万元。

采分点 17： 某企业生产所需的一种材料单价为 200 元/吨，一次订货总成本为 400 元，其中订货固定成本为 320 元，每吨材料的年平均储备成本为 1 元，已知该材料的经济采购批量为 800 吨，则企业该种材料的年度采购总量为 <u>800</u> 吨。（2009 年考试涉及）

——**易混淆点**：500；600

【**计算过程**】根据经济订货批量的计算公式：$Q^2＝2KD/K_2$，即 $800^2＝2×400×D/1$，$D＝640000/800＝800$ 吨。

采分点 18： 存货的总成本是存货的 <u>取得成本</u>、储存成本和缺货成本三者之和。（2010 年考试涉及）

——**易混淆点**：管理成本；机会成本

采分点 19: 存货资金占用量的测定方法包括：周转期法、分析法、比率法和余额法。

——**易混淆点:** ABC 分析法

采分点 20: 某企业某种物资全年周转额（消耗总额）为 72 万元，资金的周转期为 30 天，用周转期法计算的存货资金占用量是 6 万元。

——**易混淆点:** 3; 5

【计算过程】存货资金占用量＝平均每天周转额×周转期＝72÷360×30＝6 万元。

采分点 21: 某企业 2009 年度存货平均余额 200 万元，其中超储积压等不合理占用额 10 万元，2010 年生产增长 20%，存货周转加速率 5%（含成本降低因素），2010 年度存货资金占用量是 216.6 万元。

——**易混淆点:** 235; 258

【计算过程】存货资金占用量＝（存货上年平均余额－不合理占用）×（1＋本年度生产增长率）×（1－本年度存货周转加速率）＝（200－10）×（1＋20%）×（1－5%）＝216.6 万元。

采分点 22: 采用分析法时应考虑一些因素变动对存货资金占用量的影响，这些因素包括：剔除上年度实际占用额中不合理部分；本年度生产增长的影响；本年度成本变动的影响；本年度加速流动资产周转的要求。

——**易混淆点:** 本年度市场变动的影响

采分点 23: 比率法是根据存货和有关因素之间的比例关系来测定资金占用量的方法，常用的比率测定有销售收入资金率、成本资金率和利润资金率。

——**易混淆点:** 销售成本资金率; 成本利润资金率

采分点 24: 分类的标准主要有两个：即金额标准和品种数量标准。

——**易混淆点:** 品种数量标准和金额标准; 重量标准和品种数量标准

采分点 25: 存货管理的方法是 ABC 分类法。

——**易混淆点:** 成本分析法; 5C 评估法; 经济批量法

采分点 26： 某企业 2010 年度待摊费用期初余额 20 万元，本期发生额 12 万元，本期待摊费用摊销额 10.5 万元，期末待摊费用的资金占用量（即待摊费用定额）是 <u>21.5</u> 万元。

——**易混淆点：** 10.8；　15.6

【**计算过程**】待摊费用定额＝期初余额＋本期发生额－本期摊销额＝20＋12－10.5＝21.5 万元。

第三部分

建设工程估价（1Z103000）

第 **21** 章

建设工程项目总投资（1Z103010）

【重点提示】

1Z103011　掌握建设工程项目总投资的组成
1Z103012　掌握设备及工器具购置费的组成
1Z103013　掌握工程建设其他费的组成
1Z103014　掌握预备费的组成
1Z103015　掌握建设期利息的计算

【采分点精粹】

采分点 1：生产性建设工程项目总投资包括两部分，即<u>建设投资和铺底流动资金</u>。

　　——**易混淆点**：建设安装工程费和铺底流动投资及利润；建设安装工程费和铺底流动投资；建设投资和相关税金

采分点 2：建设投资由设备工器具购置费、建筑安装工程费、工程建设其他费用、预备费（包括基本预备费和涨价预备费）、<u>建设期利息</u>和固定资产投资方向调节税（目前暂不征）组成。（2007 年考试涉及）

　　——**易混淆点**：建设管理费；涨价预备费；基本预备费

采分点 3：在生产性建设工程项目中，<u>设备工器具投资</u>主要表现为其他部门创造的价值向建设工程项目中的转移，但这部分投资是建设工程投资中的积极部分，它占项目投资比重的提高，意味着生产技术的进步和资本有机构成的提高。（2009 年考试涉及）

　　——**易混淆点**：建筑工程投资；工程建设其他费用；安装工程投资

采分点 4：铺底流动资金是指生产性建设工程项目为保证生产和经营正常进行，按规定应列入建设工程项目总投资的铺底流动资金，一般按流动资金的 <u>30%</u> 计算。

——**易混淆点：**10%；20%

采分点 5：建设投资可以分为静态投资部分和动态投资部分，其中静态投资部分由建筑安装工程费、<u>设备工器具购置费</u>、工程建设其他费和基本预备费构成。（2010 年考试涉及）

——**易混淆点：**建设期利息；涨价预备费

采分点 6：设备购置费包括设备原价和设备运杂费，即：设备购置费＝<u>设备原价或进口设备抵岸价＋设备运杂费</u>。

——**易混淆点：**设备原价＋运费＋采购与保管费；设备原价＋运费＋装卸费；设备原价＋采购与保管费

采分点 7：在计算设备原价时，一般按<u>带有备件的出厂价</u>计算。

——**易混淆点：**订货合同价；交货价；不带有备件的出厂价

采分点 8：银行财务费一般指银行手续费，计算公式为：<u>银行财务费＝离岸价×人民币外汇牌价×银行财务费率</u>。（2005 年考试涉及）

——**易混淆点：**银行财务费＝到岸价×人民币外汇牌价×银行财务费率；银行财务费＝（离岸价＋进口关税）×人民币外汇牌价×银行财务费率；银行财务费＝（到岸价＋进口关税）×人民币外汇牌价×银行财务费率

采分点 9：银行财务费率一般为 <u>0.4%～0.5%</u>。

——**易混淆点：**0.1%～0.2%；0.5%～0.7%

采分点 10：外贸手续费是指按原外经贸部规定的外贸手续费率计取的费用，外贸手续费率一般取 <u>1.5%</u>。

——**易混淆点：**1%；2%

采分点 11：外贸手续费＝<u>进口设备到岸价</u>×人民币外汇牌价×外贸手续费率。

——**易混淆点：**组成计税价格；离岸价；出厂价

采分点 12：进口设备增值税额的计税基数为：组成计税价格＝<u>到岸价×人民币外汇牌价＋进口关税＋消费税</u>。

      ——**易混淆点**：离岸价×人民币外汇牌价＋进口关税＋消费税；离岸价×人民币外汇牌价＋进口关税＋外贸手续费；到岸价×人民币外汇牌价＋外贸手续费＋银行财务费

采分点 13：某进口设备的离岸价为 20 万美元，到岸价为 22 万美元，人民币与美元的汇率为 8.3:1，进口关税率为 7%，则该设备的进口关税为 <u>12.78</u> 万元人民币。（2004 年考试涉及）

      ——**易混淆点**：11.62；2.94

    【计算过程】进口关税＝到岸价×人民币外汇牌价×进口关税率＝22×8.3×7%＝12.78 万元。

采分点 14：按人民币计算，某进口设备的离岸价为 1000 万元，到岸价为 1050 万元，关税为 105 万元，银行财务费率为 0.5%，则该设备的银行财务费为 <u>5</u> 万元。（2007 年考试涉及）

      ——**易混淆点**：5.25；5.78

    【计算过程】银行财务费＝离岸价×人民币外汇牌价×银行财务费率＝1000×0.5%＝5 万元。

采分点 15：消费税是对部分进口产品（如轿车等）征收，计算公式为：<u>消费税＝（到岸价×人民币外汇牌价＋关税）/（1－消费税率）×消费税率</u>。

      ——**易混淆点**：消费税＝（到岸价×人民币外汇牌价－关税）/（1－消费税率）×消费税率；消费税＝（到岸价×人民币外汇牌价＋关税）/（1－消费税率）；消费税＝（到岸价×人民币外汇牌价－关税）×消费税率

采分点 16：某进口设备按人民币计算，离岸价为 2000 万元，到岸价为 2100 万元，银行手续费为 10 万元，进口关税为 210 万元，消费税为零，增值税税率为 17%，则其增值税额为 <u>392.4</u> 万元。（2005 年考试涉及）

      ——**易混淆点**：394.4；396.8

    【计算过程】组成计税价格＝到岸价×人民币外汇牌价＋进口关税＋消费税＝（2100＋210）×17%＝392.7 万元。

采分点 17：建设单位（或工程承包公司）的采购与仓库保管费是指采购、验收、保管和收发设备所发生的各种费用，包括设备采购、保管和管理人员工资、工资附加费、办公费、差旅交通费、设备供应部门办公和仓库所占固定资产使用费、工具用具使用费、<u>劳动保护费</u>、检验试验费等。

　　——**易混淆点**：工程质量监督费；工程监理费

采分点 18：某采用装运港船上交货价的进口设备，货价为 1000 万元人民币，国外运费为 90 万元人民币，国外运输保险费为 10 万元人民币，进口关税为 150 万元人民币，则该设备的到岸价为 <u>1100</u> 万元人民币。（2009 年考试涉及）

　　——**易混淆点**：1230；1150

【计算过程】设备到岸价＝离岸价＋国外运费＋国外运输保险费＝1000＋90＋10＝1100 万元。

采分点 19：农用土地征用费由土地补偿费、安置补助费、土地投资补偿费、<u>土地管理费</u>、耕地占用税等组成，并按被征用土地的原用途给予补偿。

　　——**易混淆点**：土地使用权出让金；临时安置补助费

采分点 20：征用耕地的土地补偿费，为该耕地被征用前三年平均年产值的 <u>6～10</u> 倍。

　　——**易混淆点**：2～3；3～5

采分点 21：取得国有土地使用费包括土地使用权出让金、<u>城市建设配套费</u>、拆迁补偿与临时安置补助费等。

　　——**易混淆点**：土地管理费；安置补助费

采分点 22：建设管理费是指建设单位从项目筹建开始直至工程竣工验收合格或交付使用为止发生的项目建设管理费用，费用内容包括：<u>建设单位管理费</u>、工程监理费和工程质量监督费。（2010 年考试涉及）

　　——**易混淆点**：工资附加费；办公费

采分点 23：建设单位管理费是指建设单位发生的管理性质的开支，包括：工作人员工资、工资性补贴、施工现场津贴、职工福利费、住房基金、基本养老保险费、基本医疗保险费、失业保险费、工伤保险费，办公费、差旅交通费、劳动保护费、工具用具使用费、<u>固定资产使用费</u>、必要的办公及生活用品购置费、必要的通信设备及交通工具购置费、零星固定资产购置费、招募生产工人费、技术图书资料费、业务招待费、设计审查费、工程招标费、合同契约公证费、法律顾问费、咨询费、完工清理费、竣工验收费、印花税和其他管理性质开支等。

——**易混淆点**：工程质量监督费；工程监理费

采分点 24：工程费用是指<u>建筑安装工程费用和设备及工、器具购置费用</u>之和。

——**易混淆点**：职工福利费和劳动保护费用

采分点 25：研究试验费是指为本建设工程项目<u>提供或验证设计数据、资料等进行必要的研究试验</u>及按照设计规定在建设过程中必须进行试验、验证所需的费用。

——**易混淆点**：施工企业建筑材料、构件进行一般性鉴定性检查所发生的费用；技术革新的研究试验费

采分点 26：勘察设计费是指委托勘察设计单位进行工程水文地质勘察、工程设计所发生的各项费用，包括：<u>工程勘察费</u>、初步设计费（基础设计费）、施工图设计费（详细设计费）、设计模型制作费。

——**易混淆点**：安装设计费；园林设计费

采分点 27：为满足施工建设需要而提供场地界区的未列入工程费用的临时水、电、路、信、气等其他工程费用和建设单位的现场临时建（构）筑物的搭设、维修、拆除、摊销或建设期间租赁费用，以及施工期间专用公路或桥梁的加固、养护、维修等费用称为<u>临时设施费</u>。

——**易混淆点**：建设准备费；场地清理费；场地准备费

采分点 28：建设工程的招标费应计入<u>企业管理费</u>。

——**易混淆点**：现场管理费；措施费；直接费

采分点 29：建设单位管理人员工资属于<u>工程建设其他费用</u>。

——**易混淆点**：建筑工程费；安装工程费；市政工程费

采分点 30：在工程施工过程中，工程质量监督检验部门检验工程质量而收取的费用属于<u>工程质量监督费</u>。

——**易混淆点**：建设单位管理费；施工单位管理费；工程建设其他费用

采分点 31：为工程建设而购置的办公生活家具发生的费用属于<u>工程建设其他费用</u>。（2005

年考试涉及)

——**易混淆点**：建筑工程费；安装工程费；市政工程费

采分点 32：引进技术及进口设备其他费用，包括出国人员费用、国外工程技术人员来华费用、技术引进费、分期或延期付款利息，担保费以及进口设备检验鉴定费。

——**易混淆点**：设备拆除费；拆除清理费

采分点 33：担保费是指国内金融机构为买方出具保函的担保费，这项费用按有关金融机构规定的担保率计算（一般可按承保金的 5‰ 计算）。

——**易混淆点**：2‰；3‰

采分点 34：进口设备检验鉴定费用是指进口设备按规定付给商品检验部门的进口设备检验鉴定费，这项费用按进口设备货价的 3‰ ~ 5‰ 计算。

——**易混淆点**：1‰ ~ 2‰；2‰ ~ 3‰

采分点 35：工程保险费是指建设工程项目在建设期间根据需要对建筑工程、安装工程、机器设备和人身安全进行投保而发生的保险费用，包括建筑安装工程一切险、进口设备财产保险和人身意外伤害险等。

——**易混淆点**：施工单位车辆保险；劳动保险

采分点 36：业主为验证桥梁的安全性，要求承包商对模拟桥梁进行破损性试验发生的费用属于业主方的研究试验费。（2006 年考试涉及）

——**易混淆点**：业主方的建设单位管理费；业主方的勘察设计费；承包方的检验试验费

采分点 37：联合试运转费是指新建项目或新增加生产能力的项目，在交付生产前按照批准的设计文件所规定的工程质量标准和技术要求，进行整个生产线或装置的负荷联合试运转或局部联动试车所发生的费用净支出（试运转支出大于收入的差额部分费用）。（2009 年考试涉及）

——**易混淆点**：小于；等于

采分点 38：试运转支出包括试运转所需原材料、燃料及动力消耗、低值易耗品、其他物料消耗、工具用具使用费、机械使用费、保险金、施工单位参加试运转人员工资以及专家指导费等。

——**易混淆点**：设备调试费；设备缺陷处理费；试车费

采分点 39：一般建设工程项目很少发生或一些具有明显行业特征的工程建设其他费用项目，如移民安置费、水资源费、水土保持评价费、地震安全性评价费、地质灾害危险性评价费、河道占用补偿费、超限设备运输特殊措施费、航道维护费、植被恢复费、种质检测费、引种测试费等，具体项目发生时依据有关政策规定列入。

——**易混淆点**：办公家具购置费

采分点 40：某项目的设备及工器具购置费 2000 万元，建筑安装工程费 800 万元，工程建设其他费 200 万元，基本预备费费率 5%，则该项目的基本预备费为 150 万元。（2006 年考试涉及）

——**易混淆点**：100；110

【计算过程】基本预备费＝（设备及工器具购置费＋建筑安装工程费＋工程建设其他费）×基本预备费率＝（2000＋800＋200）×5%＝150 万元。

采分点 41：某建设项目设备及工器具购置费为 600 万元，建筑安装工程费为 1200 万元，工程建设其他费为 100 万元，建设期贷款利息为 20 万元，基本预备费率为 10%，则该项目基本预备费为 190 万元。（2009 年考试涉及）

——**易混淆点**：180；186

【计算过程】基本预备费＝（设备及工器具购置费＋建筑安装工程费＋工程建设其他费）×基本预备费率＝（600＋1200＋100）×10%＝190 万元。

采分点 42：某拟建项目的建筑安装工程费为 1000 万元，设备及工器具购置费为 600 万元，工程建设其他费为 300 万元，则该项目涨价预备费的计算基数为 1600 万元。（2007 年考试涉及）

——**易混淆点**：1300；1900

【计算过程】该项目涨价预备费的计算基数为：1000＋600＝1600 万元。

采分点 43：在建设工程投资估算中，建设期贷款利息按年初借款本息累计＋本年借款额/2×年利率计算。（2004 年考试涉及）

——**易混淆点**：年初借款本息累计＋本年借款额；年初借款本息累计－本年借款额；年初借款本息累计－本年借款额/2

采分点 44： 在编制投资估算时，某建设工程项目第 2 年年初借款本息累计为 5000 万元，第 2 年当年借款额为 600 万元，借款利率为 6%。则该年应计的建设期利息为 <u>318</u> 万元。（2005 年考试涉及）

——**易混淆点：** 264；282

【**计算过程**】建设期贷款当年利息＝（年初借款本息累计＋本年借款额/2）×年利率＝（5000＋600/2）×6%＝318 万元。

第 22 章

建筑安装工程费用项目的组成与计算
（1Z103020）

【重点提示】

1Z103021　掌握建筑安装工程费用项目的组成

1Z103022　掌握直接工程费的组成

1Z103023　掌握措施费的组成

1Z103024　掌握间接费的组成

1Z103025　掌握利润和税金的组成

1Z103026　掌握建筑安装工程费用计算程序

【采分点精粹】

采分点 1：建筑安装工程费由直接费、间接费、利润和税金组成。（2009 年考试涉及）

　　　　——**易混淆点**：建设管理费

采分点 2：直接费由直接工程费和措施费组成。

　　　　——**易混淆点**：企业管理费和直接工程费；规费和利润

采分点 3：间接费由规费和企业管理费组成。

　　　　——**易混淆点**：直接工程费和措施费；利润和企业管理费

采分点 4：直接工程费是指施工过程中耗费的构成工程实体的各项费用，包括人工费、材料费、施工机械使用费。（2010 年考试涉及）

　　　　——**易混淆点**：人工费、材料费、施工机械使用费、规费；人工费、材料费、

施工机械使用费、规费及税金；人工费、材料费

采分点 5：建筑安装工程直接工程费中的人工费是指用于支付<u>直接从事建筑安装工程施工</u><u>的生产工人</u>的各项费用。（2009 年考试涉及）

——**易混淆点：**从事建筑安装工程施工的生产和管理人员；施工现场除了机械
操作人员以外的所有工作人员；施工现场的所有工作人员

采分点 6：人工费包括：基本工资、工资性补贴、生产工人辅助工资、<u>职工福利费</u>、生产工人劳动保护费等。

——**易混淆点：**社会保障费

采分点 7：根据建标[2003]206 号文件，建筑材料的采购费、仓储费、工地保管费和仓储损耗费，属于建筑安装工程的<u>直接工程费</u>。（2007 年考试涉及）

——**易混淆点：**现场管理费；企业管理费；措施费

采分点 8：建筑安装工程施工中生产工人的流动施工津贴属于<u>工资性补贴</u>。（2006 年考试涉及）

——**易混淆点：**生产工人辅助工资；职工福利费；基本工资

采分点 9：与单位工程量人工费相关的项目包括人工定额消耗量和<u>日工资单价</u>。

——**易混淆点：**日生产工人辅助工资；日工资性补贴；日职工福利费

采分点 10：材料费是指施工过程中耗用的构成工程实体的原材料、辅助材料、构配件、零件、半成品的费用，包括的内容有：材料原价（或供应价格）、材料运杂费、<u>运输损耗费</u>、采购及保管费、检验试验费。（2010 年、2007 年考试涉及）

——**易混淆点：**材料使用费；材料二次搬运费

采分点 11：某新建工程，采购一批螺纹 12 的钢筋 50 吨，此钢筋的供应价格为 3980 元/吨，运费为 50 元/吨，运输损耗为 0.5%，不考虑采购保管的影响，则该钢筋的采购基价为 <u>4050.15</u> 元。

——**易混淆点：**4060.13；4080

【计算过程】材料基价＝[（供应价格＋运杂费）×（1＋运输损耗率）]×（1＋采购保管费率）＝（3980＋50）×（1＋0.5%）＝4050.15 元。

采分点 12：某施工机械预算价格为 40 万元，估计残值率为 3%，折旧年限为 10 年，年工

作台班数为 250 台班，则该机械的台班折旧费为 <u>155.2</u> 元。（2007 年考试涉及）

——**易混淆点**：109.59；164.8

【计算过程】台班折旧费＝机械预算价格×（1－残值率）/耐用总台班数＝400000×（1－3%）/2500＝155.2 万元。

采分点 13：施工机械使用费，是指施工机械作业所发生的机械使用费以及<u>机械安拆费</u>和场外运费。

——**易混淆点**：机械折旧费；大修理费

采分点 14：施工项目部对进场建筑材料进行一般鉴定检查所发生的费用属于<u>建筑安装工程材料费</u>。（2009 年考试涉及）

——**易混淆点**：工程建设其他费用；建筑安装工程措施费；研究试验费

采分点 15：按建标[2003]206 号文的规定，环境保护费的计算公式为：环境保护费＝<u>直接工程费</u>×环境保护费费率。（2006 年考试涉及）

——**易混淆点**：人工费＋施工机械使用费；人工费；直接费

采分点 16：二次搬运费属于<u>措施费</u>。

——**易混淆点**：企业管理费；直接工程费；间接费

采分点 17：施工企业为进行建筑安装工程施工所需的生活和生产用的临时建筑物的搭设和拆除费用属于<u>建筑安装工程措施费</u>。（2005 年考试涉及）

——**易混淆点**：工程建设其他费；建筑安装工程企业管理费；建筑安装工程直接工程费

采分点 18：大型机械设备进出场及安拆费属于<u>措施费</u>。

——**易混淆点**：直接工程费；间接费；机械费

采分点 19：安全施工费是指施工现场安全施工所需要的各项费用，计算公式为：安全施工费＝<u>直接工程费</u>×安全施工费费率。

——**易混淆点**：人工费；材料费；直接费

采分点 20：在竣工验收前，对已完工程及设备进行保护所需的费用属于<u>建筑安装工程措</u>

施费。

　　——**易混淆点**：建设单位管理费；建筑安装工程直接工程费；建筑安装工程现
　　　　　　　场经费

采分点 21：二次搬运费是指因施工场地狭小等特殊情况而发生的二次搬运费用，其计算需
　　　　要确定的内容有：年平均二次搬运费开支额、全年建安产值和直接工程费占总
　　　　造价的比例。

　　——**易混淆点**：年工作台班数

采分点 22：规费是指政府和有关权力部门规定必须缴纳的费用，主要包括工程排污费、工
　　　　程定额测定费、社会保障费、住房公积金及危险作业意外伤害保险。（2006 年、
　　　　2004 年考试涉及）

　　——**易混淆点**：劳动保险费

采分点 23：施工企业为职工缴纳危险作业意外伤害保险发生的费用应计入规费。（2010 年
　　　　考试涉及）

　　——**易混淆点**：企业管理费；措施费；人工费

采分点 24：投标人在投标报价时，规费一般按国家及有关部门规定的计算公式及费率标准
　　　　执行。

　　——**易混淆点**：直接工程费；措施费；间接费

采分点 25：建筑安装企业支付的病假在 6 个月以上的生产工人的工资应计入劳动保险费。

　　——**易混淆点**：生产工人辅助工资；劳动保障费；现场管理费

采分点 26：企业管理费是指建筑安装企业组织施工生产和经营管理所需费用，主要包括的
　　　　内容有：管理人员工资、办公费、差旅交通费、固定资产使用费、工具用具使
　　　　用费、劳动保险费、工会经费、职工教育经费、财产保险费、财务费、税金及
　　　　其他等。（2006 年、2005 年考试涉及）

　　——**易混淆点**：工程后评价费用；文明施工费；城市维护建设税

采分点 27：采用公式计算法计算建筑安装工程费中的企业管理费，可分别以直接费、人工
　　　　费、人工费和机械费合计为计算基数。（2007 年考试涉及）

　　——**易混淆点**：人工费和材料费合计；材料费和施工机械使用费合计

采分点 28： 建筑安装工程税金是指国家税法规定的应计入建筑安装工程造价的营业税、城市维护建设税和教育费附加。（2007 年考试涉及）

——**易混淆点：** 土地使用税；房产税

采分点 29： 某工程的施工总承包商甲承揽了 2000 万元的建筑施工合同，经业主同意，甲将其中 200 万元的工程分包给承包商乙，营业税率为 3%，则甲应缴纳的营业税为 54 万元。（2009 年考试涉及）

——**易混淆点：** 58；66

【计算过程】 营业税＝营业额×3%＝（2000－200）×3%＝54 万元。

采分点 30： 城市维护建设税的纳税人所在地为市区的，按营业税的 7%征收；所在地为县镇的，按营业税的 5%征收；所在地为农村的，按营业税的 1%征收。

——**易混淆点：** 3%；6%

采分点 31： 教育费附加税额为营业税的 3%。

——**易混淆点：** 2%；5%

采分点 32： 某工程的分项工程材料费占直接工程费的比例为 75%，该地区原费用定额测算所选典型工程材料费占人、料、机费用合计的比例为 60%，根据综合单价法计价程序，宜采用直接工程费为计算基础计算含税造价。（2004 年考试涉及）

——**易混淆点：** 人工费和机械费合计；材料费和机械费合计；人工费

【分析过程】 75%为 C，60%为 C0，当 C＞C0 时，可采用以人工费、材料费、机械费合计（直接程费）为基数计算该分项的间接费和利润。

采分点 33： 某安装工程以人工费为取费基础计算建筑安装工程造价。已知该工程直接工程费为 50 万元，直接工程费中人工费为 15 万元；措施费为 4 万元，措施费中人工费为 1 万元；间接费费率为 50%，利润率为 30%，综合计税系数为 3.41%，则该工程的含税造价为 69.0779 万元。（2006 年考试涉及）

——**易混淆点：** 64.1142；68.2506

【计算过程】 含税造价＝[（直接工程费＋措施费）＋（直接工程费中的人工费＋措施费中的人工费）×间接费率＋（直接工程费中的人工费＋措施费中的人工费）×利润率]×（1＋相应税率）＝[（50＋4）＋（15＋1）×50%＋（15＋1）×30%]×（1＋3.41%）＝69.0779 万元。

第 23 章

建设工程定额（1Z103030）

【重点提示】

1Z103031　掌握建设工程定额的分类
1Z103032　熟悉人工定额
1Z103033　熟悉材料消耗定额
1Z103034　熟悉施工机械台班使用定额
1Z103035　熟悉施工定额
1Z103036　熟悉预算定额与单位估价表
1Z103037　熟悉企业定额
1Z103038　熟悉概算定额与概算指标
1Z103039　了解估算指标

【采分点精粹】

采分点 1：建设工程定额按生产要素内容分类，可分为人工定额、材料消耗定额和施工机械台班使用定额。（2004 年考试涉及）

　　——**易混淆点**：施工定额；预算定额；安装工程定额

采分点 2：建设工程定额按编制程序和用途分类，可分为施工定额、预算定额、概算定额、概算指标、投资估算指标等。

　　——**易混淆点**：材料消耗定额

采分点 3：以工序作为研究对象，表示生产产品数量与时间消耗综合关系编制的定额是施工定额。（2007 年考试涉及）

　　——**易混淆点**：基础定额；概算定额；概算指标

采分点 4：建设工程定额中分项最细、定额子目最多的一种定额，也是建设工程定额中的基础性定额的是<u>施工定额</u>。（2004 年考试涉及）

——**易混淆点**：预算定额；概算定额；概算指标

采分点 5：预算定额是以<u>建筑物或构筑物各个分部分项工程</u>为对象编制的定额。（2007 年考试涉及）

——**易混淆点**：独立的单项工程或完整的工程项目；同一性质的施工过程——工序；扩大的分部分项工程

采分点 6：以施工定额为基础综合扩大编制的，同时也是编制概算定额的基础的是<u>预算定额</u>。

——**易混淆点**：施工定额；概算指标；概算定额

采分点 7：概算定额是以<u>扩大的分部分项</u>工程为对象编制的。（2010 年考试涉及）

——**易混淆点**：独立的单项工程；各个分部分项工程；整个建筑物

采分点 8：概算定额的扩大与合并，是以整个建筑物和构筑物为对象，以更为扩大的计量单位来编制的是<u>概算指标</u>。

——**易混淆点**：施工定额；预算定额；概算定额

采分点 9：投资估算指标通常是以<u>独立的单项工程</u>或完整的工程项目为对象，编制确定的生产要素消耗的数量标准或项目费用标准，是根据已建工程或现有工程的价格数据和资料，经分析、归纳和整理编制而成的。

——**易混淆点**：扩大的分部分项工程；各个分部分项工程；整个建筑物

采分点 10：建设工程定额按编制单位和适用范围分类，可分为<u>国家定额、行业定额、地区定额、企业定额</u>。

——**易混淆点**：人工定额、材料消耗定额、施工机械台班使用定额；施工定额、预算定额、概算定额、概算指标、投资概算指标；建筑工程定额、设备安装工程定额、建筑安装工程费用定额、工程建设其他费用定额及工具、器具定额

采分点 11：国家定额是指由<u>国家建设行政主管部门</u>组织，依据有关国家标准和规范，综合全国工程建设的技术与管理状况等编制和发布，在全国范围内使用的定额。

　　　　——**易混淆点**：行业建设行政主管部门；地区建设行政主管部门；施工企业

采分点 12：建设工程定额按投资的费用性质分类，可分为<u>建筑工程定额、设备安装工程定额、建筑安装工程费用定额、工器具定额以及工程建设其他费用定额</u>等。

　　　　——**易混淆点**：人工定额、材料消耗定额、施工机械台班使用定额；施工定额、预算定额、概算定额、概算指标、投资概算指标；国家定额、行业定额、地区定额、企业定额

采分点 13：建筑安装工程费用定额一般包括两部分内容，即<u>措施费定额和间接费定额</u>。（2005年考试涉及）

　　　　——**易混淆点**：预备费定额和工程建设其他费用定额；预备费定额和措施费定额；间接费定额和工器具定额

采分点 14：工程建设其他费用定额是独立于<u>建筑安装工程定额、设备和工器具购置</u>之外的其他费用开支的标准。

　　　　——**易混淆点**：建筑工程的施工定额、预算定额、概算定额、概算指标；建筑工程的国家定额、行业定额、地区定额、企业定额；建筑工程的人工定额、材料消耗定额、施工机械台班使用定额

采分点 15：人工定额反映生产工人在<u>正常</u>施工条件下的劳动效率，表明每个工人在单位时间内为生产合格产品所必须消耗的劳动时间，或者在一定的劳动时间中所生产的合格产品数量。（2009年考试涉及）

　　　　——**易混淆点**：先进；平均先进；最差

采分点 16：编制人工定额主要包括拟定正常的施工条件以及拟定定额时间两项工作，但拟定定额时间的前提是对工人工作时间按其消耗性质进行分类研究。

　　　　——**易混淆点**：正常的施工条件拟定定额时间及工人的劳动效率；正常的施工条件；拟定定额时间

采分点 17：工人在工作班内消耗的工作时间，按其消耗的性质，基本可以分为两大类，即<u>必须消耗的时间和损失时间</u>。

　　　　——**易混淆点**：必须消耗的时间和多余工作时间；有效工作时间和损失时间；必须消耗的时间和停工时间

采分点 18： 必须消耗的工作时间，包括有效工作时间、休息时间和<u>不可避免中断时间</u>。

——**易混淆点**：损失时间

采分点 19： 有效工作时间是从生产效果来看与产品生产直接有关的时间消耗，包括基本工作时间、<u>辅助工作时间</u>、准备与结束工作时间。（2006 年考试涉及）

——**易混淆点**：由于设计错误造成的工人窝工时间；由于施工机械故障造成的工人窝工时间

采分点 20： 工人完成一定产品的施工工艺过程所消耗的时间是<u>基本工作时间</u>。

——**易混淆点**：有效工作时间；辅助工作时间；损失时间

采分点 21： 编制人工定额时，工人在工作班内消耗的工作时间属于损失时间的<u>停工时间</u>。（2007 年考试涉及）

——**易混淆点**：准备与结束工作时间；不可避免中断时间；休息时间

采分点 22： 施工作业的定额时间，是在拟定基本工作时间、辅助工作时间、<u>准备与结束时间</u>、不可避免的中断时间以及休息时间的基础上编制的。

——**易混淆点**：停工时间

采分点 23： 人工定额按表现形式的不同，可分为两种形式，即<u>时间定额和产量定额</u>。

——**易混淆点**：分部工程定额和综合定额；单项工序定额和时间定额

采分点 24： 人工定额按定额的标定对象不同，可分为两种，即<u>单项工序定额和综合定额</u>。

——**易混淆点**：分部工程定额和产量定额；时间定额和综合定额

采分点 25： 生产某产品的工人小组由 6 人组成，每个小组的成员工日数为 1 工日，机械台班产量为 5.85m²/工日，则时间定额应为 <u>1.03</u> 工日/m²。

——**易混淆点**：1.05 工日/m²；1.08 工日/m²

【计算过程】单位产品时间定额（工日）＝小组成员工日数总和/机械台班产量＝6×1/5.85＝1.03 工日/m²。

采分点 26： 人工定额的制定方法包括技术测定法、统计分析法、<u>比较类推法</u>和经验估计法。（2005 年考试涉及）

——**易混淆点**：观察测定法；理论计算法

采分点 27: 对于同类型产品规格多，工序重复、工作量小的施工过程，常用比较类推法。(2006 年考试涉及)

　　——**易混淆点**：技术 测定法；统计分析法；经验估计法

采分点 28: 材料消耗定额指标的组成，按其使用性质、用途和用量大小划分为四类，即主要材料、辅助材料、周转性材料和零星材料。

　　——**易混淆点**：次要材料

采分点 29: 已知标准砖的尺寸为 240mm×115mm×53mm，灰缝为 10mm，则砌 1m³ 半砖墙标准砖的用砖量为 529.1 块。

　　——**易混淆点**：365；387

　　【计算过程】A＝［1/砖厚×（砖长＋灰缝）×（砖厚＋灰缝）］×K＝［1/0.12×（0.24＋0.01）×（0.053＋0.01）］×0.5×2＝529.1 块。

采分点 30: 已知标准砖的尺寸为 240mm×115mm×53mm，灰缝为 10mm，标砖和砂浆的损耗均为 1%，则砌 1m³ 半砖墙砂浆的总消耗量为 0.228m³。

　　——**易混淆点**：0.236；0.538

　　【计算过程】A＝［1/砖厚×（砖长＋灰缝）×（砖厚＋灰缝）］×K＝［1/0.12×（0.24＋0.01）×（0.053＋0.01）］×0.5×2＝529.1 块；每 1m³ 标砖砌体砂浆净用量＝1－0.0014628×标准砖数量＝1－0.0014628×529.1＝0.226m³；砂浆总耗量＝0.226×（1＋1%）＝0.228m³。

采分点 31: 某建设工程使用混凝土，净用量为 5000m³，混凝土的损耗率为 2.5%，则该混凝土的总消耗量为 5125m³。

　　——**易混淆点**：5126；5128

　　【计算过程】总消耗量＝净用量×（1＋损耗率）＝5000×（1＋2.5%）＝5125m³。

采分点 32: 理论计算法是根据设计、施工验收规范和材料规格等，从理论上计算材料的净用量。

　　——**易混淆点**：面积；体积

采分点 33: 材料损耗率可以通过观察法或统计法计算确定。(2004 年考试涉及)

　　——**易混淆点**：经验估计法；技术测定法；比较类推法

采分点 34： 周转性材料消耗一般与四个因素有关：①第一次制造时的材料消耗（一次使用量）。②每周转使用一次材料的损耗（第二次使用时需要补充）。③周转使用次数。④周转材料的最终回收及其回收折价。（2010 年考试涉及）

——**易混淆点：** 摊销量

采分点 35： 测定材料消耗定额时，定额中的损耗量是指操作过程中不可避免的废料和损耗以及不可避免的施工现场内运输损耗。（2009 年考试涉及）

——**易混淆点：** 施工现场内运输损耗和场外运输损耗；采购过程中的计量误差；保管过程中的损耗

采分点 36： 编制材料消耗定额时，材料净用量的确定方法有理论计算法、测定法、图纸计算法和经验法等。（2007 年考试涉及）

——**易混淆点：** 比较类推法

采分点 37： 材料消耗定额中不可避免的消耗一般以损耗率表示，损耗率＝损耗量/净用量×100%。（2006 年考试涉及）

——**易混淆点：** 损耗率＝损耗量/材料消耗定额×100%；损耗率＝损耗量/（净用量＋损耗量）×100%；损耗率＝损耗量/（净用量－损耗量）×100%

采分点 38： 施工机械时间定额，是指在合理劳动组织与合理使用机械条件下，完成单位合格产品所必须的工作时间，包括有效工作时间（正常负荷下的工作时间和降低负荷下的工作时间）、不可避免的中断时间、不可避免的无负荷工作时间。（2009 年考试涉及）

——**易混淆点：** 施工过程中操作工人违反劳动纪律的停工时间；必须消耗的工作时间

采分点 39： 斗容量为 1.2m³ 的反铲挖掘机，挖三类土，装车，深度 3m 内，小组成员两人，机械台班产量为 5.26（定额单位 100m³），则挖 100m³ 的人工时间定额为 0.38 工日。

——**易混淆点：** 0.56；0.68

【计算过程】单位产品人工时间定额（工日）＝小组成员总人数/台班产量＝2/5.26＝0.38 工日。

采分点 40：拟定机械工作的正常施工条件，包括工作地点的合理组织、施工机械作业方法的拟定、配合机械作业的施工小组的组织以及机械工作班制度等。（2004 年考试涉及）

　　——**易混淆点**：确定施工机械的净工作率

采分点 41：施工定额是施工企业管理工作的基础，也是建设工程定额体系的基础。

　　——**易混淆点**：计算工人劳动报酬；组织施工生产；施工企业计划管理

采分点 42：施工定额在企业管理工作中的基础作用主要表现在：①施工定额是企业计划管理的依据；②施工定额是组织和指挥施工生产的有效工具；③施工定额是计算工人劳动报酬的依据；④施工定额有利于推广先进技术；⑤施工定额是编制施工预算，加强企业成本管理和经济核算的基础。

　　——**易混淆点**：施工定额是编制施工图预算的主要依据；施工定额是施工企业
　　　　　　　　　进行工程投标、编制工程投标价格的基础和主要依据

采分点 43：施工定额的编制原则包括平均先进的原则和简明适用的原则。

　　——**易混淆点**：动态管理的原则；量价分离的原则；独立自主编制的原则

采分点 44：工人的劳动报酬是根据工人劳动的数量和质量来计量的，而施工定额为此提供了一个衡量标准，它是计算工人计件工资的基础，也是计算奖励工资的基础。

　　——**易混淆点**：技术和经验；消耗的材料；定额

采分点 45：预算定额的说明包括定额总说明、分部工程说明及各分项工程说明。

　　——**易混淆点**：定额总说明、分部工程说明、分项工程说明及其他工程说明；
　　　　　　　　　定额总说明及分部工程说明；分部工程说明及单项工程说明

采分点 46：预算定额中的施工机械消耗指标，是以台班为单位进行计算，每一台班为 8 小时工作制。

　　——**易混淆点**：3；5；

采分点 47：机械幅度差是指在施工定额中未曾包括的，而机械在合理的施工组织条件下所必须的停歇时间，在编制预算定额时应予以考虑的内容包括：①施工机械转移工作面及配套机械互相影响损失的时间；②在正常的施工情况下，机械施工中

不可避免的工序间歇；③检查工程质量影响机械操作的时间；④临时水、电线路在施工中移动位置所发生的机械停歇时间；⑤工程结尾时，工作量不饱满所损失的时间。

——**易混淆点**：机械不可避免的无负荷工作时间

采分点48：单位估价表是由分部分项工程单价构成的单价表，具体的表现形式可分为工料单价和综合单价等。

——**易混淆点**：人工单价；材料单价；机械单价

采分点49：企业定额的作用包括：①企业定额是施工企业计算和确定工程施工成本的依据，是施工企业进行成本管理、经济核算的基础；②企业定额是施工企业进行工程投标、编制工程投标价格的基础和主要依据；③企业定额是施工企业编制施工组织设计的依据。

——**易混淆点**：企业定额是计算工人劳动报酬的依据；企业定额有利于推广先进技术；企业定额是工程付款和结算的依据

采分点50：企业定额可以应用于工程的施工管理，用于签发施工任务单、签发限额领料单以及结算计件工资或计量奖励工资等。

——**易混淆点**：生产的技术水平；机械台班的消耗量；投标报价

采分点51：目前，为适应国家推行的工程量清单计价办法，企业定额可采用基础定额的形式，按统一的工程量计算规则、统一划分的项目、统一的计量单位进行编制。

——**易混淆点**：时间定额；产量定额

采分点52：概算定额是在初步设计阶段编制设计概算或技术设计阶段编制修正概算的依据，是确定建设工程项目投资额的依据。

——**易混淆点**：施工阶段；工程预算阶段

采分点53：按专业特点和地区特点编制的概算定额手册，内容基本上是由文字说明、定额项目表和附录三个部分组成。

——**易混淆点**：人工、材料和机械概算定额；定额编号、计量单位和概算价格；工程结构和工程部位

采分点54：概算指标是以每100m²建筑面积、每1000m³建筑体积或每座构筑物为计量单

位，规定人工、材料、机械及造价的定额指标。

——**易混淆点**：技术

采分点 55：概算指标的组成内容一般分为文字说明、指标列表和附录等几部分。

——**易混淆点**：定额项目表；工程结构；概算价格

采分点 56：建设工程项目综合指标，是反映建设工程项目从立项到竣工验收交付使用所需的全部投资指标，包括建设投资（单项工程投资和工程建设其他费用）和流动资产投资。

——**易混淆点**：建造能独立发挥生产能力的单项工程所需的全部费用指标；建造能独立发挥使用效益的单项工程所需的全部费用指标；建造能独立组织施工的单位工程的造价指标

采分点 57：单位工程指标，是反映建造能独立组织施工的单位工程的造价指标，即建筑安装工程费用指标，包括直接费、间接费、利润和税金，类似于概算指标。

——**易混淆点**：措施费

采分点 58：在项目建议书和可行性研究阶段，估算指标是多方案比选、正确编制投资估算、合理确定项目投资额的重要依据。

——**易混淆点**：概算指标；企业定额

采分点 59：在建设项目评价和决策阶段，估算指标是评价建设项目可行性和分析投资经济效益的主要经济指标。

——**易混淆点**：可行性研究；初步设计；实施

第24章

工程量清单计价（1Z103040）

【重点提示】

1Z103041　掌握工程量清单的作用
1Z103042　掌握工程量清单编制的方法
1Z103043　掌握工程量清单计价的方法
1Z103044　掌握工程量清单计价的格式
1Z103045　掌握工程量清单报价的程序

【采分点精粹】

采分点 1： 工程量清单是工程量清单计价的基础，应作为编制招标控制价、投标报价、计算工程量、支付工程款、调整合同价款、办理竣工结算以及工程索赔的依据。

——**易混淆点：** 综合单价

采分点 2： 工程量清单是由招标人编制，将要求投标人完成的工程项目及其相应工程实体数量全部列出，为投标人提供拟建工程的基本内容、实体数量和质量要求的基础信息。

——**易混淆点：** 价格估算；施工过程

采分点 3： 工程量清单使所有参加投标的投标人均是在拟完成相同的工程项目、相同的工程实体数量和质量要求的条件下进行公平竞争，每一个投标人所掌握的信息和受到的待遇是客观、公正和公平的。

——**易混淆点：** 公开

采分点 4： 在招标投标过程中，招标人根据工程量清单编制招标工程的标底价格；投标人按照工程量清单所表述的内容，依据企业定额计算投标价格，自主填报工程量清单所列项目的单价与合价。

——**易混淆点**：措施项目清单；分部分项工程量清单

采分点 5：工程量清单一个最基本的功能是作为信息的载体，为潜在的投标者提供必要的信息。（2010 年考试涉及）

——**易混淆点**：为计价和询标、评标的基础；为施工过程中支付工程进度款提供依据；为办理竣工结算及工程索赔提供了重要依据

采分点 6：工程量清单的主要作用包括：工程量清单为投标人的投标竞争提供了一个平等和共同的基础、工程量清单是建设工程计价的依据、工程量清单是工程付款和结算的依据、工程量清单是调整工程量、进行工程索赔的依据。

——**易混淆点**：是多方案比选、合理确定项目投资额的重要依据

采分点 7：工程量清单应由具有编制招标文件能力的招标人，或受其委托具有相应资质的中介机构进行编制。（2010 年考试涉及）

——**易混淆点**：工程造价咨询机构；投标人；建筑设计单位

采分点 8：工程量清单应由分部分项工程量清单、措施项目清单、其他项目清单、规费项目清单、税金项目清单组成。

——**易混淆点**：利润项目清单

采分点 9：分部分项工程量清单应包括项目编码、项目名称、项目特征、计量单位和工程量。（2005 年考试涉及）

——**易混淆点**：工程量计算规则

采分点 10：招标方提供的工程量清单中，投标人可以根据拟建项目的施工方案进行调整的是措施项目清单。（2009 年考试涉及）

——**易混淆点**：分部分项工程量清单；规费清单；税金清单

采分点 11：分部分项工程量清单的项目特征是确定一个清单项目综合单价的重要依据，在编制的工程量清单中必须对其项目特征进行准确和全面的描述。

——**易混淆点**：其他项目费；规费；措施费

采分点 12：《计价规范》明确了清单项目的工程量计算规则，其实质是以形成工程实体为准，并以完成后的净值来计算的。（2010 年考试涉及）

——**易混淆点**：施工方案计算出来的数值；工程实体量与耗损量之和；实际完成的全部工程量

采分点 13：为完成工程项目施工，发生于该工程施工准备和施工过程中的技术、生活、安全、环境保护等方面的非工程实体项目是措施项目。

——**易混淆点**：规费项目；税金项目

采分点 14：在设置措施项目清单项目时，参考拟建工程的常规施工组织设计，以确定环境保护、文明安全施工、临时设施、材料的二次搬运等项目。

——**易混淆点**：大型机械设备进出场及安拆；施工排水；施工降水

采分点 15：编制措施项目清单时，大型机械设备进出场及安拆、混凝土模板及支架、脚手架、施工排水降水、垂直运输机械、组装平台的项目的设置主要参考拟建工程的常规施工技术。

——**易混淆点**：相关的工程验收规范；拟建工程的设计文件；相关的施工规范

采分点 16：措施项目清单是为完成分项实体工程而必须采取的一些措施性工作的清单表，根据拟建工程的具体情况和设计要求列项编制，若出现《建设工程工程量清单计价规范》中措施项目一览表未列的项目，且施工中又必须发生的项目，招标人可认为其已经综合在分部分项工程量清单的综合单价中。

——**易混淆点**：不得对措施项目一览表进行补充；应允许投标人进行补充；可认为其包括在其他措施项目中

采分点 17：其他项目清单是指分部分项工程量清单、措施项目清单所包含的内容以外，因招标人的特殊要求而发生的与拟建工程有关的其他费用项目和相应数量的清单，主要包括的清单列项有暂列金额、暂估价、计日工和总承包服务费。

——**易混淆点**：间接费用中的其他费

采分点 18：编制工程量清单时，若有总承包服务费，则应列在其他项目的投标人部分中。（2005 年考试涉及）

——**易混淆点**：分部分项工程清单；其他项目清单的招标人部分；措施项目清单

采分点 19： 在建设工程工程量清单的各个组成部分中，投标人不得随意更改或调整分部分项工程量清单、其他项目清单中的招标人部分、其他项目清单中招标人填写的零星工作项目和数量。

——**易混淆点：** 措施项目清单；其他项目清单中的投标人部分

采分点 20： 施工中可能发生的工程变更、合同约定调整因素出现时的工程价款调整以及发生的索赔、现场签证确认的费用，应列入其他项目清单中的暂列金额。

——**易混淆点：** 分部分项工程清单；其他项目清单中的暂估价；措施项目单价

采分点 21： 暂估价是招标人在工程量清单中提供的用于支付必然发生但暂时不能确定价格的材料的单价以及专业工程的金额，应列入其他项目清单中。

——**易混淆点：** 分部分项工程清单；措施项目清单；规费项目清单

采分点 22： 规费是指根据省级政府或省级有关权力部门规定必须缴纳的，应计入建筑安装工程造价的费用，其应包括的列项内容有：工程排污费、工程定额测定费、社会保障费、住房公积金及危险作业意外伤害保险。

——**易混淆点：** 零星工作费；财务管理费

采分点 23： 编制工程量清单应依据的内容包括：《计价规范》；国家或省级、行业建设主管部门颁发的计价依据和办法；建设工程设计文件；与建设工程项目有关的标准、规范、技术资料；招标文件及其补充通知、答疑纪要；施工现场情况、工程特点及常规施工方案；其他相关资料等。

——**易混淆点：** 地质堪察报告

采分点 24： 《计价规范》规定建筑安装工程费用项目（工程造价）由分部分项工程费、措施项目费、其他项目费、规费和税金组成。

——**易混淆点：** 环境保护费；二次搬运费

采分点 25： 在工程量清单计价中，如按分部分项工程单价组成来分，工程量清单报价主要有三种形式，即工料单价法、综合单价法和全费用综合单价法。

——**易混淆点：** 其他项目费；措施费；规费

采分点 26： 在工程量清单计价中，综合单价＝人工费＋材料费＋机械使用费＋管理费＋利润。

——**易混淆点：** 人工费＋材料费＋机械使用费＋规费＋管理费；人工费＋材料

费 + 机械使用费 + 税金 + 利润；人工费 + 材料费 + 机械使用费 + 规费 + 利润

采分点 27： 在施工过程中，完成发包人提出的施工图纸以外的零星项目或工作，按合同中约定的计日工综合单价计价。

——**易混淆点：** 总承包服务费；暂列金额；暂估价

采分点 28：《计价规范》中的工程量清单综合单价是指完成一个规定计量单位的分部分项工程量清单项目或措施清单项目所需的人工费、材料费、施工机械使用费和企业管理费与利润，以及一定范围内的风险费用。（2007 年考试涉及）

——**易混淆点：** 税金；风险管理费

采分点 29： 工程量清单计价模式下，招标人提供的分部分项工程量是按施工图图示尺寸计算得到的工程净量。（2009 年考试涉及）

——**易混淆点：** 施工图图示尺寸加允许误差计算工程量；施工方案计算工程总量；施工方案加允许误差计算工程量

采分点 30： 措施项目清单计价应根据建设工程的施工组织设计，可以计算工程量的措施项目，应按分部分项工程量清单的方式采用综合单价计价。

——**易混淆点：** 参数法；实物量法；分包法

采分点 31： 施工过程中必须发生，但在投票时很难具体分项预测，又无法单独列出项目内容的措施项目，如夜间施工费、二次搬运费等，其计价方法可以采用参数计价法。

——**易混淆点：** 分包计价法；实物量计价法；工料单价法

采分点 32： 计算措施项目费时，脚手架搭拆费、脚手架租赁费的计算常用实物量法计价。

——**易混淆点：** 参数法计价；分包法计价；工料法计价

采分点 33： 计算措施项目费时，大型机械进出场及安拆费的计算常用分包法计价。

——**易混淆点：** 实物量法计价；参数法计价；工料法计价

采分点 34： 应按国家或省级、行业建设主管部门的规定计算，不得作为竞争性费用的是规费和税金。

——**易混淆点**：措施费；风险费；其他项目费

采分点 35：工程量清单计价模式下，投标人编制施工图预算时采用的工、料、机消耗量反映投标人自身水平。（2004 年考试涉及）

——**易混淆点**：社会平均水平；行业平均水平；地区平均水平

采分点 36：根据《计价规范》的规定，计价表格由封面、总说明、投标报价汇总表、分部分项工程量清单表、措施项目清单表、其他项目清单表、规费、税金项目清单与计价表等表格组成。

——**易混淆点**：利润表

采分点 37：投标报价总说明的内容应包括：采用的计价依据、采用的施工组织设计、综合单价中包含的风险因素、风险范围（幅度）、措施项目的依据、其他有关内容的说明等。

——**易混淆点**：建设工程设计文件；施工现场情况

采分点 38：投标报价汇总表包括：工程项目投标报价汇总表、单项工程投标报价汇总表和单位工程投标报价汇总表。

——**易混淆点**：措施项目清单计价表；其他项目清单计价表

采分点 39：分部分项工程量清单表包括分部分项工程量清单与计价表、工程量清单综合单价分析表。

——**易混淆点**：工程项目投标报价汇总表；单项工程投标报价汇总表；单位工程投标报价汇总表

采分点 40：工程量清单综合单价分析表是评标委员会评审和判别综合单价组成和价格完整性、合理性的主要基础，同时也是工程变更调整综合单价时必不可少的基础价格数据来源。

——**易混淆点**：措施费；其他项目费；规费

采分点 41：编制招标控制价时，计费基础、费率应按省级或行业建设主管部门的规定计取。

——**易混淆点**：税金

采分点 42：专业工程暂估价应在表内填写工程名称、工程内容、暂估金额，投标人应将这些金额计入投标总价中。

　　——**易混淆点**：措施项目费；税金；利润

采分点 43：投标报价由投标人自主确定，但不得<u>低于</u>成本。

　　——**易混淆点**：高于

采分点 44：一般情况下，投标人必须按照招标人提供的工程量清单进行组价，并按照<u>综合单价</u>的形式进行报价。

　　——**易混淆点**：措施费；其他项目费；规费

采分点 45：一般情况下，有经验的<u>投标人</u>在计算施工工程量时，就对工程量清单中的工程量进行审核，以便确定招标人提供的工程量的准确度和采用不平衡报价方法。

　　——**易混淆点**：招标人

采分点 46：在进行工程量清单计价时，工程项目分为三部分进行计价，即分部分项工程项目计价、<u>措施项目计价</u>及其他项目计价。

　　——**易混淆点**：规费项目计价；税金计价

采分点 47：招标人提供的工程量清单是<u>分部分项工程项目</u>清单中的工程量，但措施项目中的工程量及施工方案工程招标人不提供，必须由投标人在投标时按照设计文件及施工组织设计、施工方案进行二次计算。

　　——**易混淆点**：其他工程项目；措施项目

采分点 48：措施项目费的计算包括：措施项目的内容应依据招标人提供的措施项目清单和投标人投标时拟定的施工组织设计或施工方案；措施项目费的计价方式应根据招标文件的规定，可以计算工程量的措施清单项目采用综合单价方式报价，其余的措施清单项目采用以"项"为计量单位的方式报价；措施项目费由<u>投标人</u>自主确定，但其中安全文明施工费应按国家或省级、行业建设主管部门的规定确定。

　　——**易混淆点**：招标人

采分点 49：规费和税金的计取标准是依据有关法律、法规和政策规定制定的，具有<u>强制性</u>。

　　——**易混淆点**：确定性；统一性

第 25 章

建设工程项目投资估算（1Z103050）

【重点提示】

1Z103051　掌握投资估算的内容和作用

1Z103052　熟悉投资估算的阶段划分与精度要求

1Z103053　了解投资估算的编制依据、程序和方法

【采分点精粹】

采分点 1：投资估算的内容，从费用构成来讲应包括该项目从筹建、设计、施工直至竣工投产的全部费用，分为建设投资和流动资金两部分。（2009 年考试涉及）

　　——**易混淆点**：筹建、设计到施工的全部费用；设计到施工的全部费用；设计、施工到竣工投产的全部费用

采分点 2：建设投资估算内容按照费用的性质划分，包括建筑安装工程费、设备及工器具购置费、工程建设其他费、基本预备费、涨价预备费、建设期利息等。

　　——**易混淆点**：措施项目费；规费

采分点 3：流动资金是指生产经营性项目投产后，用于购买原材料、燃料、支付工资及其他经营费用等所需的周转资金，它是伴随着建设投资而发生的长期占用的流动资产投资，即为财务中的营运资金。

　　——**易混淆点**：预备资金；储备资金；计划资金

采分点 4：在项目可行性研究阶段，投资估算的作用是项目投资决策的重要依据。

——**易混淆点**：项目主管部门审批项目建议书的依据之一；对工程设计概算起控制作用；可作为项目资金筹措及制订建设贷款计划的依据

采分点 5：建设工程项目投资控制的最高限额是指经批准的<u>可行性研究报告中的投资估算</u>。（2004 年考试涉及）

——**易混淆点**：项目建议书中的投资估算；设计概算；修正概算

采分点 6：项目投资估算可作为项目资金筹措及制订建设贷款计划的依据，<u>建设单位</u>可根据批准的项目投资估算额，进行资金筹措和向银行申请贷款。

——**易混淆点**：<u>监理单位</u>；设计单位；施工单位

采分点 7：国外建设工程项目的设计阶段对投资估算精度的要求为误差控制在<u>±5%</u>以内。

——**易混淆点**：±3%；±7%

采分点 8：建设工程项目规划阶段是指有关部门根据国民经济发展规划、地区发展规划和行业发展规划的要求，编制一个项目的建设规划，此阶段是按项目规划的要求和内容，粗略地估算项目所需要的投资额，其投资估算允许误差<u>大于±30%</u>。

——**易混淆点**：小于 ±30%；大于 ±20%

采分点 9：我国在项目建议书阶段，按项目建议书中的产品方案、项目建设规模、产品主要生产工艺、企业车间组成、初选建厂地点等，估算项目所需要的投资额，其对投资估算精度的要求为误差控制在 <u>±30%</u> 以内，此阶段项目投资估算是为了判断一个项目是否需要进行下一阶段的工作。

——**易混淆点**：±10%；±50%

采分点 10：初步可行性研究阶段，是在掌握了更详细、更深入的资料条件下，估算项目所需的投资额，其对投资估算精度的要求为误差控制在 <u>±20%</u> 以内，此阶段项目投资估算是为了确定是否进行详细的可行性研究。

——**易混淆点**：±10%；±30%

采分点 11：详细的可行性研究阶段的投资估算至关重要，因为这个阶段的投资估算经审查批准之后，便是工程设计任务书中规定的项目投资限额，并可据此列入项目年度基本建设计划，其对投资估算精度的要求为误差控制在 ±10% 以内。（2005年考试涉及）

——**易混淆点**：±20%；±30%

采分点 12：影响投资估算准确程度的因素包括：①项目本身的复杂程度及对其认知的程度。②对项目构思和描述的详细程度。③工程计价的技术经济指标的完整性和可靠程度。④项目所在地的自然环境描述的翔实性。⑤对项目所在地的经济环境描述的翔实性。⑥有关建筑材料、设备的价格信息和预测数据的可信度。⑦项目投资估算人员的知识结构、经验和水平等。⑧投资估算编制所采用的方法。

——**易混淆点**：招标人的知识结构、经验和水平；某一个类似项目投资估算的准确程度

采分点 13：投资估算的编制依据包括：①主要工程项目、辅助工程项目及其他各单项工程的建设内容及工程量。②专门机构发布的建设工程造价及费用构成、估算指标、计算方法，以及其他有关估算文件。③专门机构发布的建设工程其他费用计算办法和费用标准，以及政府部门发布的物价指数。④已建同类工程项目的投资档案资料。⑤影响工程项目投资的动态因素，如利率、汇率、税率等。

——**易混淆点**：拟建工程所在地区的消费指数

采分点 14：投资估算根据产品方案，参照类似项目流动资金占用率，算流动资金。

——**易混淆点**：营运资金；计划资金；储备资金

采分点 15：拟建年产 60 万吨的乙醇装置，已知乙醇市场单价为 4600 元/吨，根据资金周转率法计算出的拟建项目的投资额为 100000 万元，则该项目的资金周转率应为 2.76。

——**易混淆点**：2.86；3.86

【计算过程】根据资金周转率的公式可知，资金周转率＝产品年产量×产品单价÷拟建项目投资估算＝600000×0.46÷100000＝2.76。

采分点 16：已知建设某生产 70 万吨化工装置的投资额为 110000 万元，现拟建生产 120 万吨的同类装置，工程条件与上述装置类似，生产能力指数为 0.6，价格调整指

数为 1.2，则拟建装置的投资额估算为 <u>182399.59</u> 万元。（2007 年考试涉及）

——**易混淆点**：188571.43；189365.85

【计算过程】根据生产能力指数法公式：$C_2 = C_1 (\frac{x_2}{x_1})^n \times f = 110000 \times (120/70)^{0.6} \times 1.2$
$= 182399.59$ 万元。

采分点 17：在对建设工程项目采用生产能力指数法进行估算时，当 n 取 0.6～0.7 时，该项目扩大生产规模主要依靠<u>提高设备的功能和效率</u>。

——**易混淆点**：增加设备投资；增加设备数量；增大生产场所

【分析过程】生产能力指数 n 是一个关键因素，选取 n 值的原则是：靠增加设备、装置的数量，以及靠增大生产场所扩大生产规模时，n 取 0.8～0.9；靠提高设备、装置的功能和效率扩大生产规模时，n 取 0.6～0.7。

采分点 18：运用比例估算法进行投资估算时，以<u>拟建项目或装置的设备费</u>为基数，根据已建成的同类项目的建筑安装工程费和其他费用等占设备价值的百分比，求出相应的建筑安装工程及其他有关费用，其总和即为拟建项目或装置的投资额。

——**易混淆点**：已建项目的生产能力；已建项目或装置的投资额

采分点 19：对于设备投资占总投资比例较大的项目，适宜采用的投资估算方法是<u>比例估算法</u>。

——**易混淆点**：生产能力指数法；指标估算法；资金周转率法

采分点 20：编制和确定项目可行性研究报告中投资估算的基础和依据，与概算定额、预算定额比较，估算指标是以独立的建设工程项目、单项工程或单位工程为对象，综合项目全过程投资和建设中的各类成本和费用，反映出其扩大的技术经济指标，具有较强的综合性和概括性的指标是<u>投资估算指标</u>。

——**易混淆点**：概算指标；概算定额；预算定额

采分点 21：建筑工程投资估算一般采用的方法包括：单位建筑工程投资估算法、<u>单位实物工程量投资估算法</u>和概算指标投资估算法。

——**易混淆点**：比例估算法；生产能力指数法；扩大指标估算法

采分点 22： 分别估算各单项工程的设备和工器具购置费，需要主要设备的数量、出厂价格和相关运杂费资料，一般运杂费可按设备价格的百分比估算的方法是设备及工器具购置费估算。

　　——**易混淆点：** 基本预备费估算；建筑工程费的估算；安装工程费估算

采分点 23： 涨价预备费估算一般以分年工程费用为基数，分别估算各年的涨价预备费，再行加和，求得总的涨价预备费。

　　——**易混淆点：** 分年工程涨价费用；设备购置费；基本预备费

采分点 24： 生产性建设项目流动资金估算的基本方法有分项详细估算法和扩大指标估算法。（2009 年考试涉及）

　　——**易混淆点：** 生产能力指数法；概算指标估算法；类似工程预算法

采分点 25： 一般可参照同类企业流动资金占建设投资、经营成本、销售收入的比例，或者单位产量占用流动资金的数额估算流动资金的方法是扩大指标估算法。

　　——**易混淆点：** 概算指标投资估算法；单位建筑工程投资估算法；分项详细估算法

采分点 26： 对拟建项目进行流动资金估算时，若采用扩大指标估算法，则流动资金的估算可按建设投资的一定比例估算、经营成本的一定比例估算、年销售收入的一定比例估算及单位产量占用流动资金的比例估算。

　　——**易混淆点：** 建设投资的 30% 进行估算

采分点 27： 国外化工企业的流动资金，一般是按建设投资的 15%～20% 计算。

　　——**易混淆点：** 5%～10%；10%～15%

第 26 章

建设工程项目设计概算（1Z103060）

【重点提示】

1Z103061　掌握设计概算的内容和作用

1Z103062　掌握设计概算的编制依据、程序和步骤

1Z103063　熟悉单位工程概算的编制方法

1Z103064　熟悉单项工程综合概算的编制方法

1Z103065　熟悉建设工程项目总概算的编制方法

1Z103066　熟悉设计概算的审查内容

【采分点精粹】

采分点 1：设计概算是设计文件的重要组成部分，可分为三级，即单位工程概算、<u>单项工程综合概算</u>和建设工程项目总概算。

——**易混淆点**：流动资金概算；设备及安装工程概算；工程建设其他费用概算

采分点 2：根据初步设计或扩大初步设计图纸和概算定额或概算指标以及市场价格信息等资料编制而成的，用于确定各单位工程建设费用的文件是<u>单位工程概算</u>。

——**易混淆点**：单项工程综合概算；建设工程项目总概算；工程建设其他费用概算

采分点 3：对于一般工业与民用建筑工程而言，单位工程概算按其工程性质分为<u>建筑工程概算</u>和设备及安装工程概算两大类。

——**易混淆点**：投资估算；工程建设其他费用概算

采分点 4: 建筑工程概算包括土建工程概算、给排水采暖工程概算、通风空调工程概算、电气照明工程概算、弱电工程概算、特殊构筑物工程概算等。

　　——**易混淆点:** 电气设备及安装工程概算; 热力设备及安装工程概算

采分点 5: 设备及安装工程概算包括机械设备及安装工程概算、电气设备及安装工程概算、热力设备及安装工程概算以及工器具及生产家具购置费概算等。

　　——**易混淆点:** 特殊构筑物工程概算

采分点 6: 单位工程概算由直接费、间接费、利润和税金组成,其中直接费是由分部、分项工程直接工程费的汇总加上措施费构成的。

　　——**易混淆点:** 直接费、间接费、税金和措施费; 企业管理费、直接费、间接费和税金; 直接费、间接费、措施费和企业管理费

采分点 7: 在设计概算的编制过程中,如果不编制总概算,工程建设其他费应该列入单项工程综合概算。

　　——**易混淆点:** 单位工程概算; 建筑单位工程概算; 设备及安装单位工程概算

采分点 8: 建设工程项目总概算是确定整个建设工程项目从筹建开始到竣工验收、交付使用所需的全部费用的文件,它是由各单项工程综合概算、工程建设其他费用概算、预备费、固定资产投资方向调节税和建设期利息概算等汇总编制而成。

　　——**易混淆点:** 建设单位工程概算

采分点 9: 设计概算的作用包括:①设计概算是国家制定和控制建设投资的依据;②设计概算是编制建设计划的依据;③设计概算是进行贷款的依据;④设计概算是签订工程总承包合同的依据;⑤设计概算是考核设计方案的经济合理性和控制施工图预算和施工图设计的依据;⑥设计概算是考核和评价建设工程项目成本和投资效果的依据。

　　——**易混淆点:** 设计概算对项目的规划、规模起参考作用; 设计概算是招投标的基础、工程量清单的编制依据

采分点 10: 建设工程项目年度计划的安排、其投资需要量的确定、建设物资供应计划和建筑安装施工计划等,都以主管部门批准的设计概算为依据。

　　——**易混淆点:** 施工预算; 竣工决算; 投资估算

采分点 11：设计概算的编制依据包括：①国家及主管部门的有关法律和规章，批准的建设工程项目可行性研究报告；②<u>设计单位提供的初步设计或扩大初步设计图纸文件、说明及主要设备材料表</u>；③国家现行的建筑工程和专业安装工程概算定额、概算指标及各省、市、地区经地方政府或其授权单位颁发的地区单位估价表和地区材料、构件、配件价格、费用额及建设工程项目设计概算编制办法；④现行的有关人工和材料价格、设备原价及运杂费率等；⑤现行的其他费用定额、指标和价格；⑥建设场地自然条件和施工条件，有关合同、协议等。

——**易混淆点**：综合概算表

采分点 12：当初步设计达到一定深度，建筑结构比较明确时，编制单位建筑工程概算可以采用<u>概算定额法</u>。（2010年考试涉及）

——**易混淆点**：单位工程指标法；类似工程概算法；概算指标法

采分点 13：建筑工程概算的编制方法有概算定额法、<u>概算指标法</u>、类似工程预算法。（2010年考试涉及）

——**易混淆点**：生产能力指标法

采分点 14：设备及安装工程概算的编制方法有预算单价法、扩大单价法、设备价值百分比法和综合吨位指标法等。

——**易混淆点**：概算指标法；概算定额法；类似工程预算法

采分点 15：编制建设工程项目设计概算时，在收集原始资料后，应进行的工作有确定有关数据、各项费用计算、<u>单位工程概算书编制</u>、单项工程综合概算书编制。（2009年考试涉及）

——**易混淆点**：概算工程量编制；设备明细表编制

采分点 16：某工程已有详细的设计图纸，建筑结构非常明确，采用的技术很成熟，则编制该单位建筑工程概算精度最高的方法是<u>概算定额法</u>。（2007年考试涉及）

——**易混淆点**：类似工程预算法；修正的概算指标法；概算指标法

采分点 17：当初步设计深度不够，不能准确地计算工程量，但工程设计采用的技术比较成熟而又有类似工程概算指标可以利用时，可以采用<u>概算指标法</u>编制工程概算。

——**易混淆点**：单位工程指标法；类似工程预算法；概算定额法

采分点 18：对一般附属、辅助和服务工程等项目，以及住宅和文化福利工程项目或投资比较小、比较简单的工程项目，在编制设计概算时，一般采用概算指标法。

——**易混淆点**：单位工程指标法；类似工程预算法；概算定额法

采分点 19：设计概算指标法一般采用的计算指标是直接工程费指标。

——**易混淆点**：建筑安装工程费指标；设计费指标；间接费指标

采分点 20：在使用概算指标法时，如果拟建工程在建设地点、结构特征、地质及自然条件、建筑面积等方面与概算指标相同或相近，就可直接套用概算指标编制概算。

——**易混淆点**：使用功能

采分点 21：使用概算指标法时，拟建工程结构特征与概算指标有局部差异时，必须对概算指标进行调整后，方可套用概算指标，调整方法包括调整概算指标中的每平方米（立方米）造价、调整概算指标中的工、料、机数量。

——**易混淆点**：调整概算指标中直接工程费单价；调整概算指标中变更结构的价格；调整概算指标中的工、料、机价格

采分点 22：调整概算指标中的每 $1m^2$（$1m^3$）造价是将原概算指标中的单位造价进行调整（仍使用直接工程费指标），扣除每 $1m^2$（$1m^3$）原概算指标中与拟建工程结构不同部分的造价，增加每 $1m^2$（$1m^3$）拟建工程与概算指标结构不同部分的造价，使其成为与拟建工程结构相同的工程单位直接工程费造价。

——**易混淆点**：概算定额；原概算指标中的措施费；原概算指标中的间接费

采分点 23：对于拟建工程初步设计与已完工程或在建工程的设计相类似且没有可用的概算指标的情况，但必须对建筑结构差异和价差进行调整，编制工程概算可以采用类似工程概算法。

——**易混淆点**：单位工程指标法；概算指标法；概算定额法

采分点 24：设备购置费由设备原价和运杂费两项组成。

——**易混淆点**：直接费和间接费；利润和税金；直接费和措施费

采分点 25：当初步设计的设备清单不完备，或安装预算单价及扩大综合单价不全，无法采用预算单价法和扩大单价法时，可采用概算指标编制概算。

——**易混淆点**：预算单价法；扩大单价法

采分点 26： 某建设项目订购了 50 吨的国产非标准设备，订货价格为 50000 元/吨，已知设备运杂费率为 8%，采用概算指标法确定该项目的设备购置费的概算价值为 <u>270</u> 万元。

    ——易混淆点： 260；280

    【计算过程】 设备购置费概算＝Σ（设备清单中的设备数量×设备原价）×（1＋运杂费率）＝50×50000×（1＋8%）＝270 万元。

采分点 27： 某建设项目以 80000 元的价格订购了一批非标准设备，设备安装费率为 20%，采用概算指标法编制该项目的设备安装工程概算价值为 <u>1.6</u> 万元。

    ——易混淆点： 1.8；2.6

    【计算过程】 设备安装费＝设备原价×设备安装费率＝80000×20%＝16000 元＝1.6 万元。

采分点 28： 当建设工程项目只有一个单项工程时，单项工程综合概算（实为总概算）还应包括<u>工程建设其他费用概算</u>。（2005 年考试涉及）

    ——易混淆点： 设备及安装工程费概算；辅助工程项目概算；设备购置费概算

采分点 29： 单项工程综合概算文件一般包括编制说明和<u>综合概算表</u>两部分。

    ——易混淆点： 工程预算；概算定额；概算指标

采分点 30： 总概算是以整个建设工程项目为对象，确定项目从立项开始，到竣工交付使用整个过程的全部建设费用的文件，它由各单项工程综合概算及<u>其他工程和费用概算</u>综合汇编而成。

    ——易混淆点： 设备及安装工程费概算；辅助工程项目概算；设备购置费概算

采分点 31： 工程建设其他费用概算包括<u>建设期利息</u>、预备费和固定资产投资方向调节税。

    ——易混淆点： 利率；预备费率

采分点 32： 说明设计文件、定额、价格及费用指标等应属于总概算书内容中的<u>编制依据</u>。

    ——易混淆点： 工程概况；编制方法；投资分析

采分点 33： 总概算书的内容主要包括工程概况、编制依据、编制范围、编制方法、<u>投资分析</u>、主要设备和材料数量、其他有关问题等。

    ——易混淆点： 建设期利息；工程量或设备清单

采分点 34：编制单位工程设计概算时，试车收入大于支出部分的价值应计入<u>回收资金</u>。

　　　　——**易混淆点**：预留金；工程建设其他费；联合试运转费

采分点 35：审查设计概算时，项目概算应由项目<u>建设单位</u>提供。

　　　　——**易混淆点**：设计单位；投资方；咨询方

采分点 36：对设计概算编制依据的审查主要是审查其<u>合法性、时效性、适用范围</u>。

　　　　——**易混淆点**：合法性、时效性、经济性；合法性、适用范围、合理性；合理性、经济性、时效性

采分点 37：建筑工程概算的审查，除审查工程量以外，还要审查采用的定额或指标、<u>材料预算价格</u>、各项费用取费标准是否符合规定等。

　　　　——**易混淆点**：标准设备原价

采分点 38：若需要进一步审查超估值的原因，则概算总投资超过原批准投资估算<u>10%</u>以上。

　　　　——**易混淆点**：15%；20%

采分点 39：设备安装工程概算的审查，除编制方法、编制依据外，还应注意审查：①采用<u>预算单价</u>或扩大综合单价计算安装费时的各种单价是否合适、工程量计算是否符合规则要求、是否准确无误；②当采用概算指标计算安装费时采用的概算指标是否合理、计算结果是否达到精度要求；③审查所需计算安装费的设备数量及种类是否符合设计要求，避免某些不需安装的设备安装费计入在内。

　　　　——**易混淆点**：概算指标计算；概算定额计算；综合单价法计算

采分点 40：设备投资概算评审，主要对设备型号、<u>规格</u>、数量及价格进行评审。

　　　　——**易混淆点**：费用

采分点 41：在对某建设项目设计概算审查时，找到了与其关键技术基本相同，规模相近的同类项目的设计概算和施工图预算资料，则该建设项目的设计概算最适宜的审查方法是<u>对比分析法</u>。（2009 年考试涉及）

　　　　——**易混淆点**：分组计算审查法；标准审查法；查询核实法

采分点 42：设计概算审查的方法主要包括对比分析法、查询核实法和<u>联合会审法</u>。

　　　　——**易混淆点**：分组计算审查法；标准审查法

第 **27** 章

建设工程项目施工图预算（1Z103070）

【重点提示】

1Z103071　掌握施工图预算编制的模式
1Z103072　掌握施工图预算的作用
1Z103073　掌握施工图预算的编制依据
1Z103074　掌握施工图预算的编制方法
1Z103075　掌握施工图预算的审查内容

【采分点精粹】

采分点 1：按照预算造价的计算方式和管理方式的不同，施工图预算可以划分为两种计价
　　　　　模式，即传统计价模式和工程量清单计价模式。
　　　　　——**易混淆点**：预算单价计算模式；工料单价计算模式；综合单价计价模式

采分点 2：施工图预算编制的传统计价模式和工程量清单模式的主要区别是计算方式不同。
　　　　　——**易混淆点**：费用构成；所起作用；编制主体

采分点 3：采用国家、部门或地区统一规定的定额和取费标准进行工程造价计价的模式是
　　　　　传统计价模式。
　　　　　——**易混淆点**：现实计价模式；工程量清单计价模式；施工图预算计价模式

采分点 4：我国长期使用的一种施工图预算编制方法是传统计价模式。
　　　　　——**易混淆点**：工程量清单计价模式；现实计价模式；施工图预算计价模式

采分点 5：传统计价模式下，由<u>主管部门</u>制定工程预算定额，并且规定间接费的内容和取
费标准。

　　——**易混淆点**：咨询部门；投资人；投标人

采分点 6：传统计价模式的工、料、机消耗量是根据<u>"社会平均水平"</u>综合测定，取费标
准是根据不同地区价格水平平均测算，企业自主报价的空间很小，不能结合项
目具体情况、自身技术管理水平和市场价格自主报价，也不能满足招标人对建
筑产品质优价廉的要求。

　　——**易混淆点**：投标人自身水平；社会先进水平；行业平均水平

采分点 7：工程量清单计价模式是指按照工程量清单规范规定的全国统一工程量计算规则，
由<u>招标人</u>提供工程量清单和有关技术说明。

　　——**易混淆点**：政府；投资人；投标人

采分点 8：工程量清单模式下，投标人编制施工图预算时采用的工、料、机消耗量的编制
依据是<u>投标人自身水平</u>。

　　——**易混淆点**：社会平均水平；社会先进水平；行业平均水平

采分点 9：施工图预算对建设单位的作用包括：①施工图预算是施工图设计阶段确定建设
工程项目造价的依据，是设计文件的组成部分。②<u>施工图预算是建设单位在施
工期间安排建设资金计划和使用建设资金的依据</u>。③施工图预算是招投标的重
要基础，既是工程量清单的编制依据，也是标底编制的依据。④施工图预算是
拨付进度款及办理结算的依据。

　　——**易混淆点**：施工图预算是作为投资决策的依据；施工图预算是确定建设项
目筹资方案的依据；施工图预算是控制施工成本的依据

采分点 10：施工图预算的原理、依据、<u>方法</u>和编制程序，是投标报价的重要参考资料。

　　——**易混淆点**：组成

采分点 11：施工图预算对施工单位的作用包括：①施工图预算是确定投标报价的依据。②
施工图预算是<u>施工单位进行施工准备的依据</u>，是施工单位在施工前组织材料、
机具、设备及劳动力供应的重要参考，是施工单位编制进度计划、统计完成工
作量、进行经济核算的参考依据。③施工图预算是控制施工成本的依据。

　　——**易混淆点**：确定建设工程造价的依据；工程量清单的编制依据；使用建设

资金的依据

采分点 12：施工图预算对于工程造价管理部门而言，是监督检查执行定额标准、合理确定工程造价、测算造价指数及审定招标工程标底的重要依据。

——**易混淆点**：招投标的重要基础；控制施工成本

采分点 13：施工图预算的编制依据包括经批准和会审的施工图设计文件及有关标准图集、施工组织设计、与施工图预算计价模式有关的计价依据、经批准的设计概算文件及预算工作手册。

——**易混淆点**：扩大初步设计图纸

采分点 14：既是工程拨款或贷款的最高限额，也是控制单位工程预算的主要依据的文件是经批准的设计概算文件。（2009 年考试涉及）

——**易混淆点**：资金申请报告；开工报告；项目建议书

采分点 15：《建筑工程施工发包与承包计价管理办法》（中华人民共和国建设部令第 107 号）第五条规定：施工图预算、招标标底和投标报价由成本、利润和税金构成。（2007 年考试涉及）

——**易混淆点**：成本、预备费和税金；直接成本、管理费、利润和税金；直接成本、利润、风险费和税金

采分点 16：施工图预算编制可采用的方法有工料单价法和综合单价法。

——**易混淆点**：概算指标法；扩大单价法；税费单价法

采分点 17：传统计价模式采用的计价方式是工料单价法。

——**易混淆点**：实物法；综合单价法；价值指数法

采分点 18：工程量清单计价模式采用的计价方式是综合单价法。

——**易混淆点**：工料单价法；价值指数法；实物法

采分点 19：工料单价法是指分部分项工程单价为直接工程费单价，以分部分项工程量乘以对应分部分项工程单价后的合计为单位工程直接工程费。

——**易混淆点**：分部工程直接费；分部工程间接费；单位工程间接工程费

采分点 20： 采用工料单价法计价，在计算完单位工程直接工程费后生成工程承发包价还需再加上措施费、<u>间接费</u>、利润、税金生成工程承发包价。

　　——**易混淆点：** 管理费

采分点 21： 采用预算单价法套用预算单价计算工程直接费时，若分项工程施工工艺条件与预算单价或单位估价表不一致而造成人工、机械的数量增减时，一般<u>调量不换价</u>。

　　——**易混淆点：** 直接套用预算单价；编制补充单价表；按实际价格换算预算价格

采分点 22： 采用预算单价法编制施工图预算的最后一步是填写编制说明，编制说明应写明预算所包括的工程内容范围、依据和图纸编号，以及承包方式、<u>有关部门现行的调价文件号</u>、套用单价需要补充说明的问题及其他需说明的问题等。

　　——**易混淆点：** 预算总造价和单方造价；采用的取费费率

采分点 23： 采用预算单价法和实物法时，都需要做的一项工作是<u>计算工程量</u>。

　　——**易混淆点：** 编制工料分析表；套用预算单价；套用消耗定额

采分点 24： 编制施工图预算时，以资源市场价格为依据确定分部分项工料单价，并按照市场行情计算措施费、间接费、利润和税金等其他税费，汇总得到单位工程费用的方法是<u>实物法</u>。

　　——**易混淆点：** 全费用综合单价法；部分费用综合单价法；预算单价法

采分点 25： 实物法编制施工图预算所用人工、材料和机械台班的单价都是当时当地的实际价格，编制出的预算可较准确地反映实际水平，误差较小，适用于市场经济条件<u>波动较大</u>的情况。

　　——**易混淆点：** 较平稳；不变；波动较小

采分点 26： 全费用综合单价即单价中综合了直接工程费、措施费、管理费、规费、利润和税金等，以各分项工程量乘以综合单价的合价汇总后，就生成<u>工程承发包价</u>。

　　——**易混淆点：** 单位工程直接工程费；直接工程费和间接费之和；分部工程直接费

采分点 27： 我国目前实行的工程量清单计价采用的综合单价是<u>部分费用综合单价</u>。

　　——**易混淆点：** 全费用综合单价；预算单价；实物单价

采分点 28： 全费用综合单价中除了综合了<u>直接工程费</u>外，还综合了措施费、管理费、<u>规费</u>、利润和税金等。

    ——**易混淆点：** 总承包服务费；风险因素

采分点 29： 部分费用综合单价中除了综合了直接工程费外，还综合了管理费、利润，并考虑了<u>风险因素</u>。

    ——**易混淆点：** 措施费；规费

采分点 30： 采用预算单价法和实物法编制施工图预算的主要区别是<u>计算直接工程费的方法</u>不同。

    ——**易混淆点：** 计算间接费的方法；计算工程量的方法；计算其他税费的程序

采分点 31： 施工图预算审查的重点是工程量计算是否准确，定额套用、<u>各项取费标准是否符合现行规定</u>或单价计算是否合理等方面。

    ——**易混淆点：** 选用的预算方法是否合理

采分点 32： 采用<u>实物法</u>编制预算时，资源单价是否反映了市场供需状况和市场趋势。

    ——**易混淆点：** 全费用综合单价法；部分费用综合单价法；预算单价法

采分点 33： 采用<u>预算单价法</u>编制预算时，审查的主要内容有：是否按本项目的性质计取费用，有无高套取费标准；间接费的计取基础是否符合规定；利润和税金的计取基础和费率是否符合规定，有无多算或重算。

    ——**易混淆点：** 实物法；全费用综合单价法；部分费用综合单价法

采分点 34： 施工图预算审查前应做的准备工作是熟悉施工图纸、根据预算编制说明，<u>了解预算包括的工程范围</u>以及弄清所用单位估价表的适用范围，搜集并熟悉相应的单价、定额资料。

    ——**易混淆点：** 选择审查方法；整理审查资料

采分点 35： 施工图预算审查的具体内容包括审查工程量、<u>审查单价</u>及审查其他的有关费用。

    ——**易混淆点：** 审查设计概算；审查编制人

采分点 36： 具有审查全面、细致、审查效果好等优点，但只适宜于规模较小、工艺比较简

单的工程预算审查的方法是<u>逐项审查法</u>。（2009 年考试涉及）

　　——易混淆点：分组计算审查法；对比审查法；标准预算审查法

采分点 37：施工图预算审查的方法主要包括逐项审查法、<u>标准预算审查法</u>、分组计算审查法、对比审查法、"筛选"审查法及重点审查法。

　　——易混淆点：直接审查法；间接审查法

采分点 38：把预算中有关项目按类别划分若干组，利用同组中的一组数据审查分项工程量的一种方法是<u>分组计算审查法</u>。（2010 年考试涉及）

　　——易混淆点：对比审查法；重点审查法；标准预算审查法

采分点 39：在进行施工图预算审查时，利用计算出的底层建筑面积或楼（地）面面积，对楼面找平层、顶棚抹灰的工程量进行审查，这种审查方法是<u>分组计算审查法</u>。

　　——易混淆点：筛选审查法；逐项审查法；对比审查法

采分点 40：对于住宅工程或不具备全面审查条件的工程，适合采用的施工图预算审查方法是<u>筛选审查法</u>。

　　——易混淆点：逐项审查法；对比审查法；重点审查法

第 28 章

国际工程投标报价（1Z103080）

【重点提示】

1Z103081 熟悉国际工程投标报价的程序

1Z103082 熟悉国际工程投标报价的组成

1Z103083 熟悉单价分析和标价汇总的方法

1Z103084 了解国际工程投标报价的分析方法

1Z103085 了解国际工程投标报价的技巧

1Z2103086 了解国际工程投标报价决策的影响因素

【采分点精粹】

采分点 1： 国际工程投标过程中的关键环节是投标报价，其工作内容繁多，工作量大，而时间往往十分紧迫，因而必须周密考虑，统筹安排，遵照一定的工作程序，使投标报价工作有条不紊、紧张而有序地进行。

——**易混淆点：** 工程量核算；招标研究；现场勘察

采分点 2： 在国际工程投标报价中，投标获得成功的基本保证是高水平投标报价班子。

——**易混淆点：** 了解生产要素市场行情；估算实施项目工程量；现场勘察

采分点 3： 组织一个业务水平高、经验丰富、精力充沛的投标报价班子是投标获得成功的基本保证，一个好的投标报价班子的成员应由经济管理类人才、专业技术类人才、商务金融类人才、合同管理类人才组成，最好是懂技术、懂经济、懂商务、懂法律和会外语的复合型、外向型、开拓型人才。

——**易混淆点：** 人事管理

采分点 4：国际工程投标报价班子成员中的经济管理人才，是指直接从事费用计算的人员，他们不仅熟悉本公司在各类分部分项工程中的工料消耗标准和水平，而且对本公司的技术特长和不足之处有客观的分析和认识，他们通过<u>掌握生产要素的市场行情</u>，了解竞争对手的情况，能够运用科学的调查、分析、预测的方法，使投标报价工作建立在可靠的基础上。

——**易混淆点**：熟悉经济合同相关法律；具有合同谈判和合同签订经验

采分点 5：为进一步制定施工进度计划、施工方案和计算标价，投标人应从关于合同条件、<u>关于承包商责任范围和报价要求及技术规范和图纸方面</u>研究招标文件。

——**易混淆点**：招标机构及评标专家的组成；资格审查条件

采分点 6：在研究招标文件过程中，合同条件包括要核准的准确日期、关于保函与担保的有关规定、关于保险的要求、关于误期赔偿费的金额和最高限额的规定、关于付款条件、<u>关于物价调整条款</u>、应搞清楚商务条款中有关报价货币和支付货币的规定、关于税收、关于不可抗力造成损害的补偿办法和规定及中途停工的处理办法和补救措施、关于争端解决的有关规定、承包商可能获得补偿的权利方面等。

——**易混淆点**：关于承包商责任；报价的详细范围

采分点 7：在研究招标文件的合同条件方面，要核准一些准确日期，其中与计算标价有关的是<u>总工期及分段验收的工期</u>。

——**易混淆点**：投标有效期；缺陷通知期；从签约到开工允许的日期

采分点 8：为了制定施工计划、施工方案和计算报价，投标人在研究合同条件时，应核准的日期和时间包括投标截止日期和时间、<u>投标有效期</u>、招标文件中规定的由合同签订到开工的允许时间、总工期和分阶段验收的工期、缺陷通知期等。

——**易混淆点**：合同谈判期

采分点 9：在研究招标文件的合同条件方面，关于保函与担保的有关规定中，主要包括保函或担保的种类、<u>保函额或担保额的要求</u>、保函或担保的有效期等。

——**易混淆点**：出具保函的银行

采分点 10：在研究招标文件的合同条件方面，关于保险的要求主要包括工程一切险、第三方责任险、现场人员的人身事故和医疗保险以及社会险等，同时要搞清楚这些险种的**最低**保险金额、保期和免赔额、索赔次数要求以及对保险公司要求的限制等。

——**易混淆点**：最高保险金额

采分点 11：在研究招标文件的合同条件方面，关于付款条件，除了要搞清是否有预付款及其金额、工程进度款的付款方式和付款比例、保留金的扣留比例、最高限额和退还条件等，还要搞清楚<u>运抵施工现场的永久设备和成品及施工材料是否可以获得材料设备预付款</u>；扣还时间与方法；永久设备和材料是否按订货、到港和到工地进行阶段付款；签发支付证书到付款的时间；拖期付款是否支付利息等。

——**易混淆点**：对进场材料发生损耗或丢失的补偿额度及条件；对进场施工机械设备的完好率；扣留保留金的偿还时间

采分点 12：为了保证投标人在投标报价中不错报、不漏报，投标人应认真核对工程量清单与投标人须知、技术规范、图纸等，<u>还包括合同条件</u>。

——**易混淆点**：同类工程；当地在建工程；代理人提供的关于标底的情报

采分点 13：研究招标文件时，图纸分析要注意平、立、剖面图之间尺寸、位置的一致性，结构图与设备安装图之间的一致性，当发现矛盾之处应及时提请<u>招标人</u>澄清并修正。

——**易混淆点**：投标人；设计者；管理者

采分点 14：作为成功投标报价的基础，在标价计算之前要开展各项调查研究，除了对所在国市场情况、政治形势、经济状况，施工现场自然条件和现场施工条件的调查，还需要进行<u>劳务规定、税费标准和进出口限额调查</u>；工程项目业主及竞争对手的调查。

——**易混淆点**：当地出口条件；招标条件

采分点 15：对工程项目现场施工条件进行调查，除了要了解现场公共基础设施、现场用地范围及地形地貌、交通、通信、现场"三通一平"情况、附近各种服务设施外，还应该了解<u>当地政府对施工现场管理的一般要求</u>等情况。

——**易混淆点**：工程所在国的劳务规定；现场的地质情况；业主的工程建设经验

采分点 16：国际工程投标报价进行的调查中，竞争对手的主要内容包括规模和实力、<u>技术特长</u>、管理水平、经营状况、在建工程情况以及联营体情况等。

——易混淆点：经济状况；政治形势；环境因素

采分点 17：标前会议是招标人给所有投标人提供的一次答疑机会，有利于加深对招标文件的理解，参加标前会议应注意的内容包括：①对工程内容范围不清的问题应当提请说明；②对招标文件中图纸与技术说明互相矛盾之处，可请求说明应以何者为准；③对含糊不清、容易产生歧义理解的合同条件，可以请求给予澄清、解释；④投标人应注意提问的技巧等。

——易混淆点：对业主在招标文件中的一些错误或疏漏提出批评或否定

采分点 18：现场勘察一般是标前会议的一部分，招标人会组织所有投标人进行现场参观和说明，投标人应准备好现场勘察提纲并积极参加这一活动。

——易混淆点：工程地质资料；相关技术文件；施工方案

采分点 19：对于招标文件中提供的工程量表，投标人应根据图纸，认真核对工程量清单中的各个分项，当发现遗漏或相差较大时，投标人不能随便改动工程量，仍应按招标文件的要求填报自己的报价，但可另在投标函中适当予以说明。（2009 年考试涉及）

——易混淆点：直接向招标文件编制单位质询，并按答复意见报价；补充遗漏，提高对应的工程单价，减少失误；更改错误的工程量，以正确报价

采分点 20：关于工程量表中项目的划分方法和工程量的计算方法，世界各国目前还没有设置统一的规定，通常由工程设计的咨询公司确定。

——易混淆点：投资方；设计人；投标人

采分点 21：国际工程项目的价格构成比例中，材料部分约占 30% ~ 50% 左右的比重。

——易混淆点：10% ~ 30%；40% ~ 60%

采分点 22：工程量复核不仅是为了便于准确计算投标价格，更是今后在实施工程中测量每项工程量的依据，同时也是安排施工进度计划、选定施工方案的重要依据。

——易混淆点：提供现场勘察

采分点 23：生产要素询价主要包括：①主要建筑材料的采购渠道、质量、价格、供应方式。②施工机械的采购与租赁渠道、型号、性能、价格以及零配件的供应情况。③

当地劳务的技术水平、工作态度与工作效率、雇佣价格与手续。④当地的生活费用指数、食品及生活用品的价格、供应情况等。

——**易混淆点**：当地的对外贸易、法律法规情况

采分点 24：确定完分包工作内容后，承包商发出分包询价单，分包询价单实际上与工程招标文件基本一致。

——**易混淆点**：工程施工方案；工程设计文件；工程投标文件

采分点 25：国际工程投标报价工作在投标者通过资格考试预审并获得招标文件后，首先要进行的工作是组织投标报价班子。（2010 年考试涉及）

——**易混淆点**：研究招标文件；进行各项调查研究；核算工程量

采分点 26：国际工程投标报价中的间接费、利润、风险费是在工程量清单中没有单独列项的费用项目，需要将其作为待摊费用分摊到工程量清单的各个报价分项中去。

——**易混淆点**：现场管理费；临时设施费；经营业务费

采分点 27：目前国内外对国际工程投标报价的组成有着不同的划分，主要的两种方法取决于开办费是否单列。

——**易混淆点**：总部管理费；现场管理费；利润

采分点 28：国际工程投标报价中，待摊费用项目不在工程量清单上出现，而是作为报价项目的价格组成因素隐含在每项综合单价之内。

——**易混淆点**：工程总价；间接费；直接费

采分点 29：在国际工程投标总报价中，税金、保险费属于间接费。

——**易混淆点**：直接费；分包工程费；利润

采分点 30：在国际工程投标总报价中，分包工程费包括分包报价、总包管理费和利润。

——**易混淆点**：现场管理费；总部管理费；风险费

采分点 31：国际工程报价中，工日基价是指国内派出的工人和在工程所在国招募的工人，每个工作日的平均工资。

——**易混淆点**：最高工资；最低工资；基本工资

采分点 32：国际工程出国工人的探亲假一年享受 <u>1</u> 个月。

    ——**易混淆点**：2；3

采分点 33：国际工程投标报价时，在工程所在国当地采购的材料设备，其预算价格应为<u>施工现场交货价格</u>。（2009 年考试涉及）

    ——**易混淆点**：投标人所在国预算价格；材料设备出厂价格；当地市场价格

采分点 34：预算价格的计算公式为：预算价格＝市场价＋运输费＋<u>采购保管损耗</u>。

    ——**易混淆点**：运输保管损耗；运杂费；保管费

采分点 35：施工机械使用费中的基本折旧费，如果是新购设备，应考虑拟在本工程中摊销的折旧比率，一般折旧年限按不超过 <u>5</u> 年计算。

    ——**易混淆点**：2；3

采分点 36：现场管理费是指由于组织施工与管理工作而发生的各种费用，涵盖费用项目较多，主要包括工作人员费、办公费、差旅交通费、文体宣教费、<u>固定资产使用费</u>、国外生活设施使用费、工具用具使用费、劳动保护费、检验试验费及其他费用等。

    ——**易混淆点**：临时设施工程费；经营业务费

采分点 37：其他待摊费用包括临时设施工程费、保险费、税金、<u>保函手续费</u>、经营业务费、工程辅助费、贷款利息、总部管理费、利润及风险费等。

    ——**易混淆点**：检验试验费；工具用具使用费；工作人员费

采分点 38：风险费的确定通常由投标人通过分析具体工程项目的风险因素后，确定一个比较合理的<u>工程总价</u>的百分数作为风险费率。

    ——**易混淆点**：待摊费；直接费；间接费

采分点 39：国际工程投标报价中，如果招标文件没有规定单列，则所有开办费都应与<u>其他待摊费用</u>一起摊入到工程量表的各计价分项价格中。

    ——**易混淆点**：间接费用；期间费用；制造费用

采分点 40：开办费在不同的招标项目中包括的内容可能不相同，一般包括现场勘察费、现场清理费、进场临时道路费、<u>业主代表和现场工程师设施费</u>、现场试验设施费、施工用水电费、脚手架及小型工具费、承包商临时设施费、现场保卫设施和安装费用、职工交通费及其他杂项等。

——**易混淆点**：劳动保护费；经营业务费；总部管理费

采分点 41：暂定金额是业主在招标文件中明确规定了数额的一笔资金，每个承包商在投标报价时均应将此暂定金额数计入承包商工程总报价，由业主工程师决定其使用方式和额度。（2010 年、2007 年考试涉及）

——**易混淆点**：计入承包商工程总报价，由承包商；不计入承包商工程总报价，由项目设计方；不计入承包商工程总报价，由业主工程师

采分点 42：分项工程单价通常为综合单价，包括直接费、间接费和利润等。

——**易混淆点**：收入；支出

采分点 43：单价分析就是对工程量清单中所列分项单价进行分析和计算，确定出每一分项的单价和合价，单价分析之前，应首先计算出工程中拟使用的人工、材料、施工机械的基础单价，还要选择好适用的工程定额，然后对工程量清单中每一个分项进行分析与计算。

——**易混淆点**：基础工程量；单位工程量直接费；单位工程量间接费

采分点 44：分项工程直接费常用的估价方法有定额估价法、作业估价法和匡算估价法等。

——**易混淆点**：直接估价法；间接估价法

采分点 45：在考虑其他待摊费中的保险费时，对于保险费已分别计入人工、材料、施工机械的单价中，在其他待摊费中不再考虑的保险项目是雇员的人身意外保险、材料设备运输保险、施工机械设备保险等。

——**易混淆点**：第三方责任险；工程保险

采分点 46：计算分项工程直接费，如果具备较准确的人工、材料、机械台班的消耗定额以及人工、材料和机械台班的使用单价，应采用定额估价法。

——**易混淆点**：作业估价法；匡算估价法；直接估价法

采分点 47：在国际工程投标报价中，当机械设备所占比重较大，使用的均衡性较差、搁置时间过长而使其费用增大时，机械使用费一般宜采用作业估价法进行计算。（2004 年考试涉及）

——**易混淆点**：匡算估价法；概算指标法；定额估价法

采分点 48：估价师根据以往的实际经验或有关资料，直接估算出分项工程中人工、材料的消耗量，从而估算出分项工程的直接费单价的是<u>匡算估价法</u>。
　　　　　——**易混淆点**：作业估价法；定额估价法；清单计价法

采分点 49：分项工程的单价分析中，分摊系数 β 等于整个工程项目的待摊费用之和除以所有分项的<u>直接费</u>之和。
　　　　　——**易混淆点**：施工机械使用费；人工费；材料费

采分点 50：将工程量清单中所有分项工程的合价汇总，即可算出工程的总标价，总标价＝分项工程合价＋<u>分包工程总价</u>＋暂定金额。
　　　　　——**易混淆点**：开办费；利润

采分点 51：假定某些因素发生变化，测算标价的变化幅度，特别是这些变化对目标利润的影响，这种分析方法是<u>标价的动态分析</u>。
　　　　　——**易混淆点**：成本分析；敏感性分析；标价的静态分析

采分点 52：国际工程投标报价的动态分析类似于项目投资的敏感性分析，主要应考虑的影响因素包括工期延误、<u>物价和工资上涨</u>及其他可变因素的影响等。
　　　　　——**易混淆点**：施工现场条件变化；通货膨胀

采分点 53：影响标价的可变因素很多，其中汇率、贷款利率的变化、政策法规的变化影响属于<u>其他可变因素</u>。
　　　　　——**易混淆点**：质量问题；工期延误；物价和工资上涨

采分点 54：国际工程投标报价时，<u>施工条件好的工程</u>属于报价可低一些的工程。
　　　　　——**易混淆点**：技术复杂的工程；工期要求急的工程；施工条件差的工程

采分点 55：一个工程项目的投标报价，在总价基本确定后，调整内部各个项目的报价，既不提高总价从而影响中标，又能在结算时得到更理想的经济效益的是<u>不平衡报价</u>。
　　　　　——**易混淆点**：平衡报价；先亏后盈

采分点 56： 在投标报价决策时，还应考虑<u>风险偏好</u>的影响。

　　——**易混淆点：** 在建工程的工程量；当地投资机会；自然环境条件

采分点 57： 影响国际工程投标报价决策的因素主要有成本估算的准确性、期望利润、市场条件、竞争程度、公司的实力与规模等，其中直接影响到公司领导层的决策的是<u>成本估算的准确性</u>。

　　——**易混淆点：** 竞争程度；期望利润；市场条件

采分点 58： 对一个承包商的投标成功与否具有极为关键的因素是<u>竞争程度</u>。

　　——**易混淆点：** 市场条件；期望利润；成本估算的准确性

采分点 59： 投标人在激烈的投标过程中，如何制定<u>适当的投标报价策略</u>是决定其投标成功的关键。

　　——**易混淆点：** 取得经济效益的方法；合理的规划；正确的方案

第四部分

宏观经济政策及项目融资（1Z104000）

第 29 章

宏观经济政策（1Z104010）

【重点提示】

【采分点精粹】

采分点 1：宏观经济政策是<u>中央政府</u>调控经济的重要手段。

　　　　——**易混淆点**：商业银行；中国银行

采分点 2：宏观经济政策主要包括需求政策、<u>供给管理政策</u>和货币政策。

　　　　——**易混淆点**：经济政策

采分点 3：表示一定时期内（通常为 1 年）本国常住居民所生产的最终产品和劳务的价值的总和指标是<u>国内生产总值</u>。

　　　　——**易混淆点**：国民生产总值；国内生产净值；国民收入

采分点 4：在国民经济核算体系中，国内生产总值的核算方法包括收入法、<u>支出法</u>和部门法。

　　　　——**易混淆点**：比例法；要素法

采分点 5：资本折旧是总利润的一部分，作为一种费用出现在<u>国内生产总值</u>中。

——**易混淆点：**国民生产总值；国内生产净值；国民收入

采分点 6：用收入法计算国内生产总值等于<u>消费＋储蓄＋税收</u>。

——**易混淆点：**消费＋投资＋税收；消费＋投资；消费＋储蓄

采分点 7：用支出法计算国内生产总值等于<u>消费＋投资＋政府支出＋净出口</u>。（2005 年考试涉及）

——**易混淆点：**消费＋投资＋政府支出＋净进口；消费＋储蓄＋税收；消费＋投资＋税收

采分点 8：消费支出包括购买耐用消费品、<u>非耐用消费品</u>和劳务的支出。

——**易混淆点：**企业税的支出；利息的支出

采分点 9：GDP 的核算既可以用收入法，也可以用<u>支出法</u>，如果不存在统计误差，那么这两种方法得到的国民生产总值应该是相等的。

——**易混淆点：**部门法；供需法；税法

采分点 10：宏观经济政策目标包括持续均衡的经济增长、充分就业、<u>物价水平稳定</u>及国际收支平衡等。（2006 年考试涉及）

——**易混淆点：**市场完全竞争

采分点 11：宏观经济政策的制定应将<u>充分就业</u>作为一个主要的目标，在经济增长过程中，不断地提高就业水平。

——**易混淆点：**物价水平稳定；国际收支平衡

采分点 12：在宏观经济政策工具中，常用的有需求管理政策、<u>供给管理政策</u>以及国际经济政策。

——**易混淆点：**财政政策；货币政策

采分点 13：需求管理政策包括<u>财政政策</u>和货币政策。

——**易混淆点：**收入政策；人力政策；国际经济政策

采分点 14： 供给管理包括控制工资与物价的收入政策，指数化政策，改善劳动力市场状况的**人力政策**，以及促进经济增长的增长政策。

　　——**易混淆点**：财政政策；货币政策

采分点 15： 货币政策是指**中央银行**通过银行制度规定，控制货币供给量，进而调节利率，影响投资和整个国民经济，以实现预期的经济目标。

　　——**易混淆点**：中央政府；商业银行

采分点 16： 我国的中央银行为**中国人民银行**。

　　——**易混淆点**：中国建设银行；中国工商银行；中国银行

采分点 17： 商业银行资金的主要来源是**存款**。

　　——**易混淆点**：准备金；利息；贷款

采分点 18： 商业银行创造货币的多少，则取决于**法定准备率**的大小。（2010 年考试涉及）

　　——**易混淆点**：贷款利率；贴现率

采分点 19： 假设法定准备率为 20%，某商业银行 C 所吸收的存款为 100 万元，整个银行体系可以创造的货币为 **500** 万元。

　　——**易混淆点**：100；300

　　【计算过程】 $D = \dfrac{R}{r}$ 即为，创造的全部货币＝吸收的初始存款/法定准备率＝100/20%＝500 万元。

采分点 20： 货币政策的中间目标主要包括利率、**货币供应量**以及商业银行准备金等。

　　——**易混淆点**：税收；贴现率

采分点 21： 中央银行之所以选择利率作为货币政策的中间目标，主要出于的原因包括：**利率的升降波动能比较灵敏地反映资金的供求关系**；利率与经济周期各阶段的变化有密切关系，当经济处于萧条阶段，利率呈下降趋势，而经济转向复苏以至高涨时，利率则趋向上升；利率可由中央银行控制，它是一个可控变量。

　　——**易混淆点**：利率变化与宏观经济的目标一致；中央银行可以通过各种手段对其进行直接控制

采分点 22：目前，各国中央银行采用的货币政策工具主要包括公开市场业务、贴现率政策以及准备率。

——**易混淆点**：利率；汇率

采分点 23：中央银行在金融市场上买进或卖出国库券等有价证券，以调解货币供给量的行为的是公开市场业务。

——**易混淆点**：运用财政政策；操纵贴现率；改变法定准备金

采分点 24：中央银行欲通过公开市场业务增加货币供应量，应采取的操作方式是买入有价证券。（2009 年考试涉及）

——**易混淆点**：提高法定准备率；卖出有价证券；降低利率

采分点 25：中央银行通过公开市场业务工具，在金融市场上卖出国库券等有价证券，会导致减少货币供应量，提高利息率。

——**易混淆点**：增加货币供应量，提高利息率；增加货币供应量，降低利息率；减少货币供应量，降低利息率

采分点 26：中央银行降低贴现率，会导致增加货币供给量，降低利息率。

——**易混淆点**：增加货币供给量，提高利息率；减少货币供应量，提高利息率；减少货币供应量，降低利息率

采分点 27：财政收入中最主要的部分是税收。

——**易混淆点**：利息；存款；贷款

采分点 28：货币供应量成为货币政策中间目标的原因主要在于：①货币供应量是经济过程中的内生变量，生产和商品交易量的变化必须引起货币供应量的变化，而且货币供应量的变动也会直接反作用于经济过程。②比较容易操作，中央银行可以通过各种手段对其进行直接控制。③货币政策的松紧变动，是通过货币供应量的增减变动表现出来的。

——**易混淆点**：货币供应量的波动能比较灵敏地反映资金的供求关系

采分点 29：财政政策的内在稳定器作用主要是通过个人所得税、公司所得税以及各种转移支付来实现的。

——**易混淆点**：存款；利率

采分点 30： 扩张性财政政策的措施包括**降低税收**、增加政府的转移支付和增加政府支出等。
（2007 年考试涉及）

——**易混淆点：** 降低利率；减少政府转移支付；减少政府支出

采分点 31： 紧缩性财政政策包括加大税收、减少政府的转移支付及**减少政府支出**等。

——**易混淆点：** 降低法定准备金；降低贴现率

采分点 32： 供给管理政策包括收入政策、**指数化政策**、人力资本政策和经济增长政策等。

——**易混淆点：** 财政政策；货币政策

采分点 33： 通过控制工资与物价来制止通货膨胀的政策是**收入政策**。

——**易混淆点：** 工资政策；人力政策；财政政策

采分点 34： 收入政策一般有四种形式，即工资与物价指导线、对特定工资或物价进行"权威性劝说"或施加政府压力、**补偿和税收刺激计划**、工资物价冻结等。

——**易混淆点：** 工资与消费指导线

采分点 35： 税收指数化是指按**通货膨胀率指数**来调整起征点与税率等级。

——**易混淆点：** 经济增长率；工资增长率；税率

采分点 36： 利率指数化是指根据通货膨胀率来调整**名义利率**，以保持实际利率不变。

——**易混淆点：** 税率；起征点

采分点 37： 人力政策是一种旨在改善劳动市场结构，以减少失业的政策，又称就业政策，其中主要包括人力资本投资、**完善劳动力市场**、协助劳动者进行流动及降低最低工资标准等。

——**易混淆点：** 增加劳动力的数量和质量

采分点 38： 促进经济增长的政策是多方面的，其中主要包括增加劳动力的数量和质量、**资本积累**、技术进步及计划化与平衡增长等。

——**易混淆点：** 人力资本投资；完善劳动力市场

采分点 39： 汇率的决定因素包括国际收支状况、<u>通货膨胀</u>、利率以及经济增长率等。

　　——**易混淆点：** 税率；经济增长率

采分点 40： 现在的外汇市场一般用<u>直接标价法</u>。

　　——**易混淆点：** 间接标价法；定额估价法

采分点 41： 国际间汇兑得以顺利进行的条件是<u>汇率</u>，也是国际间经济往来的必要前提，它的变动对各国国内经济与国际间经济关系都有重大的影响。

　　——**易混淆点：** 利率；经济增长率

采分点 42： 国际收支顺差引起外国对该国货币需求的增加，引起汇率<u>上升</u>；反之，国际收支逆差引起该国对外汇需求增加，从而引起汇率下降。

　　——**易混淆点：** 下降；不变

采分点 43： 通货膨胀率是决定<u>汇率</u>的重要因素之一。

　　——**易混淆点：** 利率；经济增长率

采分点 44： 一般认为，实行<u>固定汇率</u>有利于一国经济的稳定，也有利于维护国际金融体系与国际经济交往的稳定，减少国际贸易与国际投资的风险。

　　——**易混淆点：** 浮动汇率；经济增长率

采分点 45： 在浮动汇率之下，政府也要运用<u>买卖外汇</u>的方法对汇率进行干预，以避免汇率的大幅波动。

　　——**易混淆点：** 提高利率；降低出口品的相对价格

第 *30* 章

项目融资（1Z104020）

【重点提示】

【采分点精粹】

采分点 1：项目融资的特点包括以项目本身为主体安排的融资、实现项目融资的无追索或有限追索、风险分担、信用结构多样化、融资成本相对较高及可实现项目发起人非公司负债型融资的要求。（2007 年考试涉及）

　　——**易混淆点**：可实现项目发起人公司负债型融资的要求；以项目发起人自身的资信作为贷款的首要条件；融资成本相对较低

采分点 2：在有限追索项目融资中，贷款人的追索权也很少持续到项目的整个经济寿命期，则仅在有限的项目开发阶段对发起人进行追索。

　　——**易混淆点**：项目整个经济寿命期；项目谈判阶段；项目经营阶段

采分点 3：项目融资的成功需要安排好项目融资的每一个环节，其中最重要的是安排好项目融资的主要结构，其包括项目的投资结构、融资结构、资金结构及信用保证结构等。

　　——**易混淆点**：财务结构；经营结构

采分点 4：国际上较为普遍采用的项目投资结构有四种基本的法律形式，即公司型合资结构、合伙制结构、非公司型合资结构和信托基金结构。

　　　　　　——**易混淆点**：个人独资结构

采分点 5：公司型合资结构是项目投资结构基本的法律形式之一，该形式下项目发起人与项目合资公司之间的关系是：公司是与其发起人完全分离的独立法律实体，<u>每个发起方在项目中的利益都是间接的</u>，不直接拥有项目资产的产权。（2010 年考试涉及）

　　　　　　——**易混淆点**：发起人根据股东协议认购合资公司股份；发起人在项目中的利益都是直接的

采分点 6：项目融资的核心部分是<u>项目融资结构</u>。

　　　　　　——**易混淆点**：项目的投资结构；项目的资金结构；项目的信用保证结构

采分点 7：贷款形式是项目融资的重要结构特征，不同的贷款形式，其偿还途径也不尽相同，通常无追索贷款的偿还途径是<u>从项目的现金流量中偿还</u>。

　　　　　　——**易混淆点**：由项目发起人偿还；由建设公司偿还；由保险公司偿还

采分点 8：项目风险最高阶段是<u>项目建设开发阶段</u>。

　　　　　　——**易混淆点**：建设阶段；生产经营阶段；开发阶段

采分点 9：融资中最基本和最简单的债务资金形式是<u>商业银行贷款</u>。

　　　　　　——**易混淆点**：租赁；地区开发银行的政策性贷款；国际辛迪加银团贷款

采分点 10：在有限追索项目融资中，贷款人的追索权通常持续到项目<u>开发</u>阶段。

　　　　　　——**易混淆点**：经营；谈判

采分点 11：在项目建设开发阶段，贷款对发起人常带有<u>完全追索</u>性质，并且贷款人还会要求对工程合同以及相应的工程合同担保加以一定的控制。

　　　　　　——**易混淆点**：有限追索或无追索；有限追索；无追索

采分点 12：在项目生产经营阶段，贷款人的项目融资对项目发起人的完全追索将转变成为<u>有限追索或无追索</u>，但是贷款人将会增加新的信用保证，即对项目产品销售收入及其他收入的控制。

　　　　　　——**易混淆点**：完全追索；有限追索；无追索

采分点 13： 在项目融资中代表风险资本的是<u>股本资金</u>。

——**易混淆点：** 准股本资金；债务资金；融资租赁

采分点 14： 股本资金比例越高，现金流量中用于偿还债务的比例越小，则项目经济强度和贷款人风险的变化趋势为<u>经济强度越高，贷款人风险越小</u>。

——**易混淆点：** 经济强度越高，贷款人风险越大；经济强度越低，贷款人风险越大；经济强度越低，贷款人风险越小

采分点 15： 准股本资金的投入方式包括无担保贷款、可转换债券、<u>附有认股权证的债券</u>、零息债券和以贷款担保形式出现的准股本资金等。

——**易混淆点：** 发起人投资

采分点 16： 与一般商业银行的贷款相比，出口信贷的<u>期限要长，利率要低</u>。

——**易混淆点：** 期限要长，利率要高；期限要短，利率要低；期限要短，利率要高

采分点 17： 在项目融资中，项目发起人责任重大，其职责包括提出项目，<u>取得经营项目所必要的许可和协议，并将各当事人联系在一起</u>，他们既是项目的实际投资者和主办者，又是项目公司的股本投资者和特殊债务（如无担保贷款）的提供者和担保者，通过项目的投资活动和经营活动，实现投资项目的综合目标要求。

——**易混淆点：** 项目债务资金的主要来源

采分点 18： 项目发起人在融资中需要承担的责任和义务以及需要提供担保的性质、金额和期限，主要取决于<u>项目的经济强度和贷款银行的要求</u>，由借贷双方通过谈判决定。

——**易混淆点：** 项目的风险；贷款银行的要求；项目的经济强度

采分点 19： 构成项目融资信用保证的关键部分之一是<u>项目产品或服务的承购商</u>。

——**易混淆点：** 项目的直接主办人；贷款人；保险机构

采分点 20： 在项目融资中通常要求<u>融资顾问</u>准确了解项目投资者的目标和具体要求，熟悉项目所在国的政治经济结构、投资环境、法律和税务政策，对项目本身及项目所属行业的技术发展趋势、成本结构、投资费用等有较清楚的认识，掌握当前金融市场的变化动向和各种新的融资手段，与主要银行和金融机构有良好的关系，具备丰富的谈判经验和技巧。

——**易混淆点：** 保险机构；项目的直接主办人；项目产品或服务的承购商

采分点 21：在大多数工程项目中，项目公司并不负责项目的经营和管理，而是指定由一家独立的公司负责项目完工后的经营管理工作，这一公司通常被称为<u>项目管理公司</u>，它代表项目公司负责项目的日常经营管理事务。

　　——**易混淆点**：项目建设承包商；项目发起人；项目公司

采分点 22：产品支付融资的特点包括：①独特的信用保证结构。②贷款的偿还期比项目的经济寿命周期短。③<u>贷款人一般只为项目的建设和资本费用提供融资，不提供用于项目经营开发的资金</u>。④贷款银行的融资容易被安排成为无追索或有限追索的形式。（2009 年考试涉及）

　　——**易混淆点**：可实现百分之百的融资；债务资金可以用于项目的建设和日常经营；融资的信用保证是通过项目抵押的方式实现的

采分点 23：以"产品支付"为基础的项目融资模式中，需要设置一个"融资中介机构"，也称为专设公司，其职责是<u>归集产品的销售收入和偿还贷款</u>。

　　——**易混淆点**：监督项目日常经营管理活动；项目融资阶段的谈判及融资方案的制定；项目经营风险的控制和分担

采分点 24：以"杠杆租赁"为基础的项目融资模式的特点包括融资方式比较复杂、<u>可实现百分之百的融资</u>、较低的融资成本及应用范围比较广泛等。

　　——**易混淆点**：独特的信用保证结构

采分点 25：项目担保可以是直接的财务保证，也可以是间接的或非财务性的担保，直接的财务保证包括完工担保、<u>成本超支担保</u>和不可预见费用担保。

　　——**易混淆点**：技术服务协议；长期购买协议

采分点 26：在实践中，BOT 项目融资具有很多的演变形式，其中 BOO 模式是指<u>建设—拥有—经营</u>。

　　——**易混淆点**：设计—建设—融资；建设—移交—经营；建设—租赁—移交

采分点 27：BOT 项目融资模式对于项目发起人而言的缺点包括融资成本较高；投资额大、融/投资期长、收益不确定性大；<u>合同文件繁多、复杂</u>；有时融资杆杠能力不足；母公司仍承担部分风险（有限追索权）。

　　——**易混淆点**：使用价格较高，造成国民不满

一、单项选择题（共 60 题，每题 1 分，每题的备选项中，只有 1 个最符合题意）

1. 在资金等值计算中，下列说法正确的是（　　）。

   A. P 一定，n 相同，i 越高，F 越大　　　B. P 一定，i 相同，n 越长，F 越小

   C. F 一定，i 相同，n 越长，P 越大　　　D. F 一定，n 相同，i 越高，P 越大

2. 利率与社会平均利润率两者相互影响，则下列说法正确的是（　　）。

   A. 利率越高，社会平均利润率越低

   B. 要提高社会平均利润率，必须降低利率

   C. 社会平均利润率越高，则利率越高

   D. 利率和社会平均利润率总是按同一比例变动

3. 某企业现在对外投资 1000 万元，投资期 5 年，年利率 10%，采取等额还本、利息照付的方式，该企业第 3 年应得到收入（　　）万元。

   A. 180　　　　　　　　　　　　　B. 200

   C. 220　　　　　　　　　　　　　D. 260

4. 下列选项中，用于建设项目偿债能力分析的指标是（　　）。

   A. 流动比率　　　　　　　　　　B. 投资回收期

   C. 财务净现值率　　　　　　　　D. 资本金净利润率

5. 下列选项中，属于固定成本的是（　　）。

   A. 燃料费　　　　　　　　　　　B. 原材料费

   C. 生产人员工资　　　　　　　　D. 长期借款利息

6. 在下列现金流量表中，用来分析项目的财务生存能力的是（　　）。

   A. 投资各方现金流量表　　　　　B. 财务计划现金流量表

   C. 项目投资现金流量表　　　　　D. 项目资本金现金流量表

7. 下列选项中，属于项目资本现金流量表中现金流出构成的是（　　）。

   A. 流动资金　　　　　　　　　　B. 建设投资

   C. 调整所得税　　　　　　　　　D. 借款本金偿还

8. 在投资项目决策阶段，主要投入不包括（　　）。

    A．可行性研究费   B．土地征用费

    C．投资机会分析费   D．市场调查分析费

9. 下列选项中，关于建设项目可行性研究的概念，说法正确的是（　　）。

    A．建设项目可行性研究依据之一是项目初步设计方案

    B．建设项目可行性研究需要进行多学科的论证

    C．建设项目可行性研究是拟定建设方案和技术方案的基础

    D．建设项目可行性研究主要目的是研究建设业主与施工机构目标的一致性

10. 下列选项中，不能作为设备更新估计依据的是设备的（　　）寿命。

    A．经济   B．自然

    C．技术   D．有效

11. 下列选项中，属于流动资产的是（　　）。

    A．专利权   B．特许权

    C．短期投资   D．长期待摊费用

12. 有两个均能满足生产要求的施工方案可供选择，在两个方案均需增加投资时，应选择（　　）的方案。

    A．折算费用低   B．台班产量高

    C．价值系数小   D．工程成本低

13. 企业计提的存货跌价准备，在会计核算中（　　）。

    A．不应在成本中列支   B．可直接计入当期成本

    C．可按期逐月摊入成本   D．可通过分配计入当期成本

14. 下列选项中，属于流动负债的是（　　）。

    A．应付工资   B．长期借款

    C．预付账款   D．存出保证金

15. 企业的非流动负债包括（　　）。

    A．应付工资   B．应付股利

    C．应付债券   D．应付票据

16. 下列选项中，不属于债务重组的是（　　）。

    A．债权人免除债务人债务利息

    B．债务人以 1 万元现金偿还 1.2 万元债务

    C．债权人收到 1 万元现金抵偿自己 1.2 万元债权

    D．债务人把应偿还的可转换债券正常转换为自己的股本

17. 债务人以非现金资产清偿债务时，应将重组债务的账面价值与转让的非现金资产公允价值之间的差额计入（　　）。

    A．盈余公积   B．当期损益

    C．资本公积   D．股本（或实收资本）

18. 下列选项中，属于所有者权益的是（　　）。

  A．资本溢价   B．预付工资

  C．预收账款   D．应付福利费

19. 施工企业接受的海外侨胞的现金捐赠应列入企业的（　　）。

  A．资本公积   B．盈余公积

  C．未分配利润   D．实收资本

20. 根据《企业会计准则第 15 号——建造合同》，下列费用中，不应计入工程成本的是（　　）。

  A．为工程施工所耗用的材料费用

  B．为订立施工合同而发生的有关费用

  C．在施工过程中发生的材料二次搬运费

  D．企业下属的施工单位为组织和管理施工生产活动所发生的费用

21. 企业销售需要安装的商品时，若安装属于商品销售合同约定的卖方责任，则确认商品销售收入的时间应是（　　）。

  A．收到最后一笔销售货款时   B．购货方首次付款时

  C．商品安装完毕并检验合格时   D．商品运到并开始安装时

22. 某施工企业当期实际营业利润 2000 万元，其他业务利润 1000 万元，投资收益 200 万元，营业外收入 50 万元，营业外支出 60 万元，则该企业的利润总额为（　　）。

  A．2100   B．2190

  C．2600   D．3300

23. 企业对当期可供分配的利润，应首先提取（　　）。

  A．资本公积   B．优先股股利

  C．普通股股利   D．法定盈余公积金

24. 某施工企业资产负债表中列明固定资产原值为 360 万元，累计折旧为 46 万元，固定资产减值准备为 4 万元，则该企业固定资产净值应为（　　）万元。

  A．314   B．316

  C．318   D．324

25. 所有者权益变动表是反映构成（　　）的各个组成部分当期增减变动情况的财务报表。

  A．资产   B．权益

  C．收入   D．股东权益

26. 下列选项中，不属于财务报表附注内容的是（　　）。

  A．财务状况说明   B．承诺事项说明

  C．重要会计估计的说明   D．关联方关系及其交易事项的说明

27. 下列选项中，属于营运能力分析指标的是（　　）。

  A．应收账款   B．无担保借款

  C．总资产周转率   D．应付银行承兑汇票

28. 下列选项中，关于存货成本的说法，错误的是（　　）。

A. 购置成本随存货数量增加而增加

B. 订货成本随订货次数增加而增加

C. 缺货成本随存货数量减少而可能增加

D. 储存成本与存货数量无关，是一项固定成本

29. 下列选项中，不属于建设工程项目总投资中建设投资的是（ ）。

    A. 直接费   B. 土地使用费

    C. 涨价预备费   D. 铺底流动资金

30. 业主代表由于工作需要在施工现场搭设临时办公室所需的费用应在（ ）中开支。

    A. 企业管理费   B. 工程建设其他费

    C. 建筑安装工程材料费   D. 建筑安装工程措施费

31. 在编制投资估算时，某建设工程项目第2年初借款本息累计为5000万元，第2年当年借款额为600万元，借款利率为6%，则该年应计的建设期利息为（ ）万元。

    A. 254   B. 286

    C. 312   D. 318

32. 下列选项中，不属于建筑安装工程费用的是（ ）。

    A. 直接费   B. 间接费

    C. 建设管理费   D. 利润

33. 按建标〔2003〕206号文的规定，下列选项中，不属于直接费的是（ ）。

    A. 材料费   B. 文明施工费

    C. 施工机械使用费   D. 劳动保险费

34. 下列选项中，属于人工定额制定方法的是（ ）。

    A. 统计分析法   B. 理论计算法

    C. 工程分类法   D. 指标估算法

35. 编制人工定额时，工人在工作班内消耗的工作时间属于损失时间的是（ ）。

    A. 休息时间   B. 停工时间

    C. 不可避免中断时间   D. 准备与结束工作时间

36. 下列选项中，关于施工定额的说法，错误的是（ ）。

    A. 它是计算工人劳动报酬的依据

    B. 施工定额是编制施工概算定额的基础

    C. 它是组织和指挥施工生产的有效工具

    D. 它是企业编制施工组织设计和施工工作计划的依据

37. 单位估价表中的综合单价是汇总分部分项工程（ ）构成的。

    A. 人工费、材料费、机械费、管理费、利润

    B. 人工费、材料费、机械费、措施费、利润、税金

    C. 人工费、材料费、机械费、间接费、利润、税金

    D. 人工费、材料费、机械费、措施费、间接费、利润、税金

38. 下列选项中，关于企业定额的说法，错误的是（　　）。

    A．企业定额是施工企业编制施工组织设计的依据

    B．企业定额是施工企业进行投标报价的基础和依据

    C．企业定额中的材料价格是供应方将材料运至施工现场堆放地或工地仓库后的入库价格

    D．编制企业定额以基础定额为参考和指导

39. 招标方提供的工程量清单中，投标人可以根据拟建项目的施工方案进行调整的是（　　）。

    A．税金清单   B．规费清单

    C．措施项目清单   D．分部分项工程量清单

40. 在措施项目综合单价确定方法中，实物量法适用于确定（　　）。

    A．二次搬运费   B．夜间施工费

    C．大型机械设备进出场及安拆费   D．脚手架搭拆费

41. 建设工程项目投资控制的最高限额是指经批准的（　　）。

    A．设计概算   B．修正概算

    C．项目建议书中的投资估算   D．可行性研究报告中的投资估算

42. 生产性建设项目流动资金估算的基本方法有分项详细估算法和（　　）。

    A．扩大指标估算法   B．类似工程预算法

    C．概算指标估算法   D．生产能力指数法

43. 下列设备安装工程概算计算式中，不属于概算指标法的是（　　）。

    A．设备安装费＝设备原价×设备安装费率

    B．设备安装费＝设备安装工程量×预算单价

    C．设备安装费＝设备台数×每台设备安装费

    D．设备安装费＝建筑面积×单位面积安装费

44. 国内生产总值的核算方法不包括（　　）。

    A．生产法   B．要素法

    C．收入法   D．支出法

45. 下列选项中，不属于供给管理政策的是（　　）。

    A．收入政策   B．人力政策

    C．货币政策   D．经济增长政策

46. 下列选项中，属于扩张性财政政策措施的是（　　）。

    A．减少政府转移支付   B．降低利率

    C．降低税收   D．减少政府支出

47. 下列选项中，关于汇率的说法，错误的是（　　）。

    A．通货膨胀会使一国汇率下降   B．国际收支逆差会使汇率下降

    C．利率上升会使汇率升值   D．国际收支顺差会引起汇率下降

48. 下列选项中，关于BOT项目融资的说法，错误的是（　　）。

A. 有利于降低政府风险

B. 项目发起人融资成本较低，收益确定性大

C. 可拓宽资金来源

D. 提高项目发起人的谈判地位

49. 根据对项目不同方案的敏感性分析，投资者应选择（　　）的方案实施。

A. 项目盈亏平衡点低，承受风险能力弱　　B. 项目敏感程度小，抗风险能力强

C. 项目敏感程度大，抗风险能力强　　D. 项目盈亏平衡点高，抗风险能力适中

50. 建设工程项目在选择新工艺和新材料时，不应遵循的原则是（　　）。

A. 合理

B. 可靠

C. 适用

D. 超前

51. 会计的基本职能是（　　）。

A. 会计核算和会计监督

B. 会计分析和会计管理

C. 会计监督和会计控制

D. 会计核算和会计分析

52. 下列静态会计等式中，错误的是（　　）。

A. 资产＝债权人权益

B. 资产＝权益

C. 负债＝资产－所有者权益

D. 所有者权益＝资产－债权人权益

53. 下列选项中，属于施工企业的库存材料的是（　　）。

A. 模板

B. 架料

C. 安全网

D. 结构件

54. 下列选项中，属于无形资产中的非专利技术的是（　　）。

A. 商标

B. 商誉

C. 技术规范

D. 产品名称

55. 下列选项中，关于成本和费用的说法，正确的是（　　）。

A. 成本是针对一定的期间而言的

B. 费用是针对一定的成本核算对象而言的

C. 费用是针对一定的期间而言的

D. 费用是指不能计入成本而应当直接计入当期损益的耗费

56. 下列选项中，属于财务费用的是（　　）。

A. 盈余公积

B. 利息支出

C. 应付债券

D. 储备基金

57. 某项目贷款筹资总额 18 万元，筹资费率为 10%，贷款年利率为 9%，不考虑资金的时间价值，则该项贷款的资金成本率为（　　）。

A. 8%

B. 9%

C. 10%

D. 11%

58. 下列选项中，属于企业筹资活动的是（　　）。

A. 发行股票

B. 建造厂房

C. 购买政府公债   D. 经营租赁设备

59. 在建设工程投资估算中，建设期贷款利息按（　）×年利率计算。

A. 年初借款本息累计＋本年借款额/2   B. 年初借款本息累计＋本年借款额

C. 年初借款本息累计－本年借款额/2   D. 年初借款本息累计－本年借款额

60. 建筑安装工程施工中生产工人的流动施工津贴属于（　）。

A. 基本工资   B. 职工福利费

C. 工资性补贴   D. 生产工人辅助工资

二、多项选择题（共 20 题，每题 2 分，每题的备选项中，有 2 个或 2 个以上符合题意，至少有 1 个错项。错选，本题不得分；少选，所选的每个选项得 0.5 分）

61. 在绘制现金流量图时，应把握的要素包括现金流量的（　）。

A. 数额   B. 流向

C. 对象   D. 累计额

E. 发生时间

62. 下列选项中，关于财务评价的说法，正确的是（　）。

A. 在项目建议书阶段，可只进行项目融资前分析

B. 项目运营期应由项目主要设备的自然寿命确定

C. 只有在众多互斥方案中必须选择其一时，才可单独进行相对经济效果检验

D. 对非经营性项目，要分析项目的盈利能力、偿债能力和财务生存能力

E. 在项目财务评价中，应坚持定量分析与定性分析相结合、以定性分析为主的原则

63. 在确定基准收益率时，下列支出项目中属于筹资费的是（　）。

A. 股东股利   B. 贷款手续费

C. 银行贷款利息   D. 发行债券注册费

E. 发行股票代理费

64. 下列选项中，关于盈亏平衡分析的说法，正确的是（　）。

A. 尽产尽销是线性盈亏平衡分析的前提条件

B. 盈亏平衡分析同时适用于财务评价和国民经济评价

C. 线性盈亏平衡分析假设销售收入是产销量的线性函数

D. 盈亏平衡分析又可进一步分为线性盈亏平衡分析和非线性盈亏平衡分析

E. 线性盈亏平衡分析假设总生产成本是产销量的线性函数

65. 下列选项中，关于项目建议书的说法，正确的是（　）。

A. 项目建议书就是项目的最终决策

B. 项目建议书是进行可行性研究的依据

C. 项目建议书一旦获得批准就表明项目可以投资

D. 采用政府资本注入的建设项目，项目建议书不需要审批

E. 采用政府直接投资的建设项目，项目建议书必须要审批

66. 在建设工程中运用价值工程时，提高工程价值的途径包括（　　）。

   A. 施工单位通过严格履行施工合同，提高其社会信誉

   B. 适量增加成本，大幅度提高项目功能和适用性

   C. 通过采用新方案，既提高产品功能，又降低成本

   D. 通过设计优化，在成本不变的前提下，提高产品功能

   E. 在保证建设工程质量和功能的前提下，通过合理的组织管理措施降低成本

67. 在价值工程活动中，计算功能评价值前应完成的工作有（　　）。

   A. 方案创造　　　　　　　　　　B. 功能定义

   C. 功能整理　　　　　　　　　　D. 方案评价

   E. 功能现实成本计算

68. 下列选项中，关于会计假设的说法，正确的是（　　）。

   A. 会计年度就是指日历年

   B. 会计主体和法律主体相同

   C. 会计假设又称为会计核算的基本前提

   D. 我国会计核算通常应当选择人民币作为记账本位币

   E. 会计假设包括会计主体、持续经营、会计期间和货币计量

69. 下列选项中，属于企业债权的是（　　）。

   A. 应收账款　　　　　　　　　　B. 预收账款

   C. 应付账款　　　　　　　　　　D. 预付备料款

   E. 预付工程款

70. 按现行会计制度及有关规定，长期负债核算的内容包括（　　）。

   A. 长期借款　　　　　　　　　　B. 长期投资

   C. 应付债券　　　　　　　　　　D. 长期应付款

   E. 专项应付款

71. 下列选项中，属于企业资本公积的是（　　）。

   A. 资本溢价　　　　　　　　　　B. 法定公益金

   C. 任意盈余公积　　　　　　　　D. 法定盈余公积

   E. 股权投资准备

72. 下列选项中，属于盈余公积用途的是（　　）。

   A. 弥补亏损　　　　　　　　　　B. 发放工资

   C. 转增资本　　　　　　　　　　D. 发放现金股利

   E. 发放职工困难补助

73. 下列选项中，关于企业利润的说法，正确的是（　　）。

   A. 利润总额体现企业的最终经营成果　B. 营业利润是企业利润的主要来源

   C. 营业利润包括企业对外投资收益　　D. 净利润＝利润总额－所得税费用

   E. 利润总额＝营业利润＋营业外收入－营业外支出

74. 财务报表列报中，必须具备的财务报表包括（　　）。

　　A. 利润表　　　　　　　　　　B. 利润分配表

　　C. 资产负债表　　　　　　　　D. 现金流量表

　　E. 所有者权益变动表

75. 会计分析过程中，对会计报表进行比较的方法有（　　）。

　　A. 因素分析法　　　　　　　　B. 交叉分析法

　　C. 水平分析法　　　　　　　　D. 趋势分析法

　　E. 垂直分析法

76. 下列选项中，属于资金成本中的资金的使用费的是（　　）。

　　A. 向银行贷款而支付的手续费

　　B. 使用发行股票筹集的资金，向股东支付红利

　　C. 委托金融机构代理发行股票而支付的注册费和代理费

　　D. 委托金融机构代理发行债券而支付的注册费和代理费

　　E. 使用发行债券和银行贷款借入的资金，要向债权人支付利息

77. 下列活动中，属于企业投资活动的是（　　）。

　　A. 发行股票　　　　　　　　　B. 购置设备

　　C. 赊购材料　　　　　　　　　D. 购买政府公债

　　E. 融资租赁设备

78. 下列选项中，关于现金成本的说法，正确的是（　　）。

　　A. 交易成本随现金持有量增加而增加　　B. 置存成本随现金持有量增加而减少

　　C. 管理成本随现金持有量增加而增加　　D. 机会成本随现金持有量增加而增加

　　E. 短缺成本随现金持有量增加而下降

79. 下列选项中，属于应收账款成本的是（　　）。

　　A. 管理成本　　　　　　　　　B. 坏账成本

　　C. 短缺成本　　　　　　　　　D. 机会成本

　　E. 交易成本

80. 下列建设项目投资中，属于工程建设其他费用的是（　　）。

　　A. 流动资金　　　　　　　　　B. 土地使用费

　　C. 建设管理费　　　　　　　　D. 生产准备费

　　E. 建筑安装工程费

参考答案

一、单项选择题

1. A	2. C	3. D	4. A	5. D	6. B	7. D	8. B	9. B	10. B
11. C	12. A	13. D	14. A	15. C	16. D	17. B	18. A	19. A	20. B
21. C	22. B	23. D	24. A	25. D	26. A	27. C	28. D	29. D	30. B
31. D	32. C	33. D	34. A	35. B	36. B	37. D	38. C	39. C	40. D
41. D	42. A	43. B	44. B	45. C	46. C	47. D	48. B	49. B	50. D
51. A	52. A	53. D	54. C	55. C	56. B	57. C	58. A	59. A	60. C

二、多项选择题

61. ABE	62. AC	63. BDE	64. ACDE	65. BE	66. BCDE
67. BCE	68. CDE	69. ADE	70. ACDE	71. AE	72. ACD
73. BCDE	74. ACDE	75. CDE	76. BE	77. BD	78. DE
79. ABD	80. BCD				